WIE GEWINNE ICH DAS HERZ EINES MANNES?

Wie Sie den Richtigen dazu bringen, sich in Sie zu verlieben

Ein Praxishandbuch von Christian Sander

Bibliografische Information der Deutschen Nationalbibliothek

Die Deutsche Nationalbibliothek verzeichnet diese Publikation in der
Deutschen Nationalbibliografie; detaillierte bibliografische Daten sind
im Internet über dnb.d-nb.de abrufbar.

ISBN 978-3-03799-000-1   1. Auflage 2011

Herstellung: Books on Demand GmbH, Norderstedt

Verlag: Blue Point Trading GmbH, Hünenberg

Titelgestaltung, Jessica Schypulla, Hamburg
Umschlaggestaltung, Satz und Layout: Ralf Fettkenheuer, Karlsruhe

Bilderquellen: Fotolia, Getty Images

Inhalt

Vorwort

Es war an einem lauen Sommerabend, als mich drei Damen Mitte dreißig, die alle schon diverse Erfahrungen und vor allem Enttäuschungen mit Männern hinter sich gebracht hatten, nach meiner „ehrlichen Meinung" fragten.

„Was wollt ihr Männer eigentlich? Du bist doch ein Mann, kannst Du uns vielleicht erklären, warum ein Mann in dieser oder jener Situation so oder so reagiert? Was erwartet ihr zum Beispiel von einer Beziehung? Warum meldet sich der Typ nicht mehr, mit dem es so vielversprechend anfing? Erst war er hin und weg von mir und jetzt ist er auf einmal spurlos verschwunden ...!"

Durch meinen Job als Barkeeper kam es öfter zu solchen Situationen. Frauen ließen sich an der Theke nieder, trafen sich zu ihrer abendlichen „weiblichen Talkrunde", in der es meistens um die „drei Eckpfeiler" der femininen Kommunikation ging: Männer, Probleme im Job, Klamotten. Genau in dieser Reihenfolge. Ich kam also regelmäßig in den zweifelhaften Genuss, mir all ihre Probleme mit dem männlichen Geschlecht tagesaktuell und ungeschönt zu Gemüte führen zu können. Zweifelhaft insofern, als dass ich immer wieder erschrocken feststellte, wie unwissend Frauen zum großen Teil sind, was das männliche Verhalten angeht. Teilweise paarte sich diese Unwissenheit mit einer himmelschreienden Naivität und so oft ich nach meiner bescheidenen Meinung gefragt wurde, versuchte ich, den Frauen behutsam die Augen zu öffnen.

So kam es, dass sich aus der Bar, in der ich arbeitete, allmählich eine Art „Frauenberatungs-Zentrum" entwickelte. Es schien sich in der Damenwelt herumgesprochen zu haben, dass ich doch einige nützliche Tipps auf Lager hatte.

Immer wieder nahm ich mir - auch privat - die Zeit, auf die vielen Fragen der Frauen einzugehen und sie wahrheitsgemäß zu beantworten. Ich selber hatte schließlich auch etliche Erfahrungen mit dem weiblichen Geschlecht gesammelt und wusste nur zu genau, wie sich diese oder jene vermeintliche „Abfuhr" oder auch sonstiges Verhalten interpretieren ließen.

Das Interessanteste aber war, dass ich zu dem jeweiligen männlichen Gegenstand der Unterhaltung (also zu dem „süßen Typen" vom letzten Date, oder auch dem „seltsam verschlossenen" Mann, mit dem eine der Damen eine dreimonatige Beziehung hatte) auch Kontakt hatte (die Bar ist nun mal der Schmelztiegel beider Geschlechter) und mir jeweils ganz objektiv und diplomatisch dessen Meinung zum Thema einholen konnte.

Erschreckend oft deckte sich dann dessen Aussage über besagte Frau mit meiner bescheidenen Meinung, die ich schon vorher der Dame mitgeteilt hatte. Seine „seltsame Verhaltensweise" ließ oft nur den einen (aus Männersicht) logischen Schluss zu. Und genau diese Schlussfolgerung bestätigte er mir dann auch noch.

Ich begann darüber nachzudenken, ob es denn eventuell einen „Leitfaden" gäbe, eine Art Gebrauchsanweisung dafür, wie eine Frau mit Männern am besten umgehen sollte. Wie sie erkennen könnte (anhand von meist sehr simplen Zusammenhängen), warum sich ein Mann in dieser oder jener Situation so und so verhielt. Und ganz entscheidend: Wie sie es schaffen könnte, den Mann davon zu überzeugen, dass sie eben nicht die befürchtete Zicke oder die hoffnungslos verliebte, anhängliche Nervensäge war, sondern einfach nur eine nette und liebenswerte Frau, die eine glückliche und unbeschwerte Beziehung zu führen bereit war – sofern sich der Mann als geeigneter Kandidat entpuppen sollte.

Allerdings kam es traurigerweise oft überhaupt erst gar nicht zu der Phase, in der sich die beiden WIRKLICH kennenlernen konnten – jenseits irgendwelcher anfänglichen Spielchen à la „Meldet er sich nun, oder soll ich mich melden?"

Oft einfach deshalb, weil Frauen gerade auf dieser anfänglichen Ebene des „Spielens", des „Testens" unendlich viele Dinge falsch machten.

So verrückt, ja, vielleicht sogar unmenschlich es sich anhört, aber am Anfang einer Beziehung ist es immer auch ein „Spiel", dessen Regeln dafür sorgen, ob sich zwischen zwei Menschen etwas anbahnt oder eben nicht.

Um diese „Spielregeln" zu beherrschen und sie dafür zu nutzen, eine oberflächliche Bekanntschaft in eine tiefere Kenntnis zu verwandeln, herauszufinden, ob man zueinanderpasst oder eben nicht, braucht man schlicht und einfach ein gewisses Grundwissen über die männliche Natur. Über dieses Grundwissen scheinen erschreckend viele Frauen nicht zu verfügen – was auch nicht weiter verwunderlich ist, wenn sie sich ausschließlich mit ihren ebenso ahnungslosen Freundinnen darüber austauschen.

Es tat mir regelrecht in der Seele weh, mit anzusehen, wie sich Frauen in irgendwelche Liebesabenteuer stürzten und regelmäßig enttäuscht wurden. Dass sich nicht mehr aus einem durchaus viel-versprechenden Date entwickelt hatte; ja, dass sie teilweise sogar wortlos abserviert wurden, – indem sich ein interessanter Mann einfach urplötzlich (und vermeintlich grundlos) nicht mehr bei ih-nen meldete.

Ein anderer, auch sehr häufig auftretender Fall war der, dass sich ein Mann auf eine Bettgeschichte, ein unverbindliches Tête-à-Tête mit einer Frau einließ. Wenn es aber um die Frage einer festen, verbindlichen und monogamen Beziehung ging, kniff er und wich Fragen und Entscheidungen diesbezüglich elegant (oder vielmehr feige) aus. Er wollte sich „einfach noch nicht fest binden".

Auch dazu gab und gibt es eine Vielzahl an Ratschlägen, die ich mittlerweile zusammengetragen hatte und die die Frauen dankbar annahmen. Viele ihrer Dramen mit den Männern erhielten dadurch zum einen eine Aufklärung, zum anderen verbesserte sich das Lie-bes- und Beziehungsleben vieler meiner „Klientinnen" erheblich. Zu wissen, was Männer denken, was sie fühlen, was sie von einer Frau und einer Beziehung erwarten und erhoffen, ist ein entschei-dender Vorteil in diesem heutigen Dschungel der Beziehungen.

Eines steht zwar fest: Jeder Mann, jeder Mensch ist ein Unikat, jede Geschichte von Paarbildung, Trennung, Datings usw. ist individu-ell und hochkomplex. Allerdings gibt es ein bestimmtes Muster, das vielen dieser Geschichten zugrunde liegt. Es gibt bestimmte „Fehler", die Frauen sehr oft machen und die immer wieder zu den gleichen Reaktionen der Männer führen.

Nicht ganz ohne Grund sind viele Männer regelrecht traumatisiert von Beziehungen und verspüren nicht die geringste Lust, sich auf etwas festzulegen. Zum Leidwesen vieler Frauen allerdings. Wenn sie bestimmte grundsätzliche Fehler vermeiden würden, könnten sie jedoch selbst die beziehungsunfähigsten Exemplare des „starken Geschlechts" um den Finger wickeln.

Ich gebe zu, es ist nicht unbedingt einfach, eine Gebrauchsanweisung für das Wesen „Mann" herauszugeben, Viele werden vielleicht die Augen verdrehen mit dem Kommentar: „Man kann so etwas doch nicht pauschal beantworten, ihr seid doch keine Maschinen!?!"

Ich behaupte: Es gibt diverse Grundzüge, die in jedem Mann vorherrschen. Die Funktion seiner Psyche, die Art und Weise, wie er mit Gefühlen umgeht, was er sich unter einer „Traumfrau" vorstellt, was er sich von einer Beziehung erwartet, wie man ihn sehr einfach um den sprichwörtlichen Finger wickeln kann und vor allem: Was er unter gar keinen Umständen will, welche Dinge und Verhaltensweisen einer Frau er hasst wie die Pest. Das alles folgt einer Struktur, die sich von Mann zu Mann nicht wesentlich unterscheidet.

Eines Tages beschloss ich, aus all dem Material, all den Geschichten, die ich mittlerweile gesammelt hatte, einen umfassenden Ratgeber zu diesem Thema zu schreiben. Viele der Frauen - dankbar für die vielen Ratschläge, die sie von mir bekommen hatten - ermutigten mich dazu. „Kannst du nicht mal ein Buch darüber schreiben? Es gibt so viele Frauen da draußen, die von Deinem Wissen profitieren könnten!"

Gesagt, getan.

Und so halten Sie hier das geballte Wissen unzähliger Männerge-
schichten, die mir von Frauen erzählt wurden, in Händen. Interpretiert und zusammengefasst von einem Mann - mit dem Versuch,
Ihnen das alles so verständlich wie möglich mitzuteilen und Ihnen
die (männliche) „Logik" darin klarzumachen. Ich möchte Ihnen mit
meinen bescheidenen Mitteln dabei helfen, das „unbekannte Wesen Mann" besser zu verstehen, sodass sich Ihre Verabredungen,
ihre Beziehungen zu Männern und ganz generell Ihr eigenes Wohl-
empfinden dadurch verbessern mögen!

Herzlichst, Ihr

Christian Sander

Männer sind ANDERS

Nun, das werden Sie wohl auch schon mitbekommen haben –
Männer sind anders. So sehr sich die Emanzipationsbewegung die
Gleichheit der Geschlechter vielleicht wünscht – leider widerspricht
ein solches Verlangen einfach den Tatsachen. Gleichberechtigung
ist nun mal nicht dasselbe wie Gleichmacherei.

Die Gleichberechtigung und Emanzipation der Frau ist das wohl
Wichtigste und Beste, was die Menschheit im letzten Jahrhundert
erreicht hat. Leider hat diese Errungenschaft auch ein paar nach-
teilige Nebenwirkungen und Missverständnisse hervorgebracht –
unter anderem eben die Verwechslung von Gleichberechtigung mit
Gleichmacherei.

So sehr der Wunsch, Männer und Frauen müssten doch im Grunde
gleich sein, berechtigt ist, (würde es doch Vieles unendlich einfacher machen) wir müssen einer unumstößlichen Wahrheit ins Auge
sehen:

Männer *denken* anders, sie *fühlen* anders und sie *handeln* anders
als Frauen.

Ein Grundsatz auf dem Weg, erfolgreich mit Männern umzugehen
und nicht immer wieder in die Falle der Missverständnisse mit ihnen zu tappen, ist das Wissen darüber, dass Männer grundsätzlich
verschieden mit zwischenmenschlichen Problemen, mit Gefühlen
und im Endeffekt mit sich selbst umgehen, als eine Frau das jemals
tun würde.

Aus der Sicht einer Frau ist das Verhalten eines Mannes oft absolut widersinnig, unlogisch und im schlimmsten Fall einfach nur unreif.

Ich muss gestehen, unser Verhalten ist in vielen Fällen genau das:

Unlogisch, widersinnig und unreif.

Aber wenn man im Kopf und in dem Körper eines Mannes steckt, dann kann man sich oft einfach nur nach diesem „männlichen" Schema verhalten. Für uns Männer ergeben unsere Verhaltensweisen durchaus Sinn – mitunter deshalb sind wir so gerne unter uns. Treffen uns zur abendlichen Pokerrunde, zum Kneipenabend, zum Sport – dort, wo keine Frau jemals Zutritt haben sollte, sonst besteht die Gefahr, dass wir uns der Dame zuliebe verstellen müssten. Und das würde jedem „Männerabend" jeglichen Reiz nehmen.

Somit gibt es auch selten die Möglichkeit für eine Frau, zu erfahren, wie Männer WIRKLICH sind, was sie WIRKLICH denken und empfinden. Sie würden sich wundern, über was wir alles reden, wenn keine Frauen zugegen sind!

Wir Männer untereinander wissen genau, wie wir miteinander umzugehen haben. Wir wissen genau, was im Kopf unseres „Kumpels" vorgeht – auch ohne, dass wir darüber stundenlang debattieren müssten. Genau das ist auch der Genuss einer „Männerrunde": Wir müssen unser eigenes Verhalten nicht ausdiskutieren, wir müssen uns nicht rechtfertigen für die Tatsache, dass wir nun mal so sind, wie wir sind.

Wenn Sie nur schwer verstehen können, was uns dazu veranlasst, vermeintlich „stumpfsinnige Abende" unter Männern zu verbringen: Einer der Hauptgründe ist der, dass wir so sein können, wie wir sind. Ohne Wenn und Aber. Und dass wir dafür auch noch Respekt und Anerkennung von unseren Geschlechtsgenossen bekommen – anstatt über unser Verhalten nachdenken oder darüber diskutieren zu müssen.

Wenn Sie also mit dieser „seltsamen Spezies" nicht nur zurechtkommen wollen, sondern wenn Sie lernen wollen, wie Sie sie um den Finger wickeln können, und zwar *dauerhaft*, dann müssen Sie von nun an der Wahrheit unerschrocken ins Gesicht sehen:

Männer sind anders!

Versuchen Sie bitte niemals einen Mann zu verändern, sein Verhalten nach weiblichen Maßstäben zu werten oder ihn dafür zu verurteilen, dass er sich in vielen Dingen von Ihnen *unterscheidet*.

Er ist ein anderes Wesen. Ein Wesen mit Erwartungen, mit Hoffnungen, mit Ängsten genau wie Sie. Allerdings sind diese meist völlig andere, als Ihre. Aber in ihrer Intensität unterscheiden sie sich kein bisschen.

Wie viele Beziehungen sind schon zerbrochen daran, dass eine Frau versucht hat, ihren Mann zu *verändern*. Und zwar indem sie den aussichtslosen Versuch unternommen hat, sich ihren Mann so „zurechtzubiegen", dass er ihr oder Ihrer Vorstellung eines perfekten Mannes möglichst ähnlich wird.

Kein Mann wird sich solch ein „Umerziehungslager" dauerhaft gefallen lassen und wenn doch (und sei es für eine gewisse Zeit) wird er damit tief unglücklich werden.

Und unglückliche Männer können vor allem eines nicht:

Eine Frau glücklich machen.

Als ersten Schritt sollten Sie sich daher folgenden Grundsatz zu Herzen nehmen:

**Versuchen Sie, zu verstehen,
dann werden sie verstanden.**

Es bringt nichts, über die Verschiedenheit der Männer frustriert zu sein, darüber zu schimpfen oder sie allesamt zum Teufel zu wünschen. Unser aller tiefster Wunsch ist die Zweisamkeit, den „richtigen Partner" zu finden. (Ja, Sie haben richtig gelesen, auch wir Männer suchen im Grunde danach.)

Was sollten Sie sich also aufregen oder gar depressiv werden im Hinblick auf die naturgegebene Tatsache, dass Männer sich nun mal unterscheiden von Ihnen. Alles was Sie tun müssen, ist, zu *verstehen*, warum und inwiefern Männer anders sind.

Ich glaube, es gibt kaum etwas Schöneres für einen Menschen, als verstanden zu werden.

Kennen Sie das Gefühl, das sich einstellt, wenn Sie in einem langen und intensiven Gespräch *verstanden* werden? Es ist schon toll, wenn einem überhaupt zugehört wird, ohne dass der Gesprächspartner dauernd Kommentare oder Problemlösungen anbietet. Oder einem permanent widerspricht. Aber ist es nicht unglaublich beglückend, wenn jemand sich *wirklich* in einen hineinversetzen kann? Ohne, dass er vielleicht unbedingt der gleichen Meinung wie Sie sein muss, aber im Wissen darum, was Sie meinen und sich in

Sie *hineinversetzen* kann?

Diese Eigenschaft nennt man *Empathie* und ich gebe zu, dass nicht unbedingt viele Menschen über jenes Talent verfügen, sich in Gesprächen empathisch zu verhalten.

Aber wenn Sie jemals eine Situation erlebt haben, in der Sie wirklich verständnisvoll behandelt wurden und merkten, dass Ihr Gesprächspartner kein Interesse daran hatte, ihre Meinung zu ändern oder Ihnen „gute Ratschläge" anzubieten, sondern einfach nur versuchte, zu *verstehen*, was in Ihrem tiefsten Inneren los war, dann wissen Sie, was ich meine.

Das Gefühl, das sich einstellt, wenn man merkt, wie ein anderer Mensch Sie wirklich versteht, ist wirklich überwältigend. Es bewirkt vor allem eines:

Sie fühlen sich auf einmal nicht mehr alleine.

Es ist ein tiefes Streben in uns Menschen, nicht alleine auf dieser Welt zu sein. Und es gibt nur eine einzige Methode, dieses Alleinsein zu überwinden: Indem wir von einem anderen Menschen in der Gesamtheit unserer Existenz, unserer Gedanken und Gefühle *verstanden* werden.

Wenn dieser verstehende, andere Mensch vom gleichen Geschlecht ist wie wir, wächst in uns eine tiefe Sympathie, eine tiefe Dankbarkeit. Es kann der Grundstein für eine echte und tief gehende Freundschaft sein. Ist dieser Jemand vom anderen Geschlecht, so passiert sehr oft folgendes:

Wir verlieben uns in ihn.

Können Sie mir also folgen, warum es so wichtig ist, zu *verstehen*, warum Männer so sind, wie sie sind? Und vor allem zu akzeptieren, dass sie anders sind?

Nur wenn Sie wirklich verstehen, was im anderen Geschlecht vor sich geht und warum das so ist, werden Sie auch ohne Komplikationen mit ihm umgehen können.

Und Sie werden vor allem eines:

Sie werden eine enorme Anziehungskraft auf Männer ausüben.

Denn letztlich wünschen auch wir Männer uns nichts sehnlicher, als *verstanden* zu werden. Wir geben das vielleicht nur ungern zu, aber auch wir fühlen uns zuweilen sehr allein und wollen eine Partnerin an unserer Seite, die uns versteht. Die uns unterstützt, in dem, was wir tun. Uns akzeptiert, so wie wir sind.

Oberflächlich betrachtet kommen wir mit dem Alleinsein vielleicht besser zurecht als eine Frau, aber das täuscht. Wir verfügen nur über mehr Möglichkeiten, das Gefühl des Alleinseins zu kompensieren, bzw. es zu verdrängen. Sei es durch übermäßig viel Arbeit, schnelle Autos, Sport oder teure und exotische Hobbys. Wir können dieses Gefühl auch besser „vergessen" als Frauen. Nicht ohne Grund ist der Anteil von Männern bei den Alkoholikern und Drogenabhängigen ungleich höher als der von Frauen ...

Wie Sie sehen, ist es *enorm wichtig*, zu verstehen, was in uns Männern vorgeht. Ohne ein grundlegendes Verständnis dafür werden Sie immer wieder in Schwierigkeiten geraten. Vor allem werden Sie das, was am wichtigsten für Sie ist, nicht bekommen: Sie werden von einem Mann genauso wenig verstanden werden!

Ganz allgemein kann man sagen: Solange wir etwas nicht wirklich *verstehen*, wird ein Teil unseres Inneren immer unzufrieden und unruhig bleiben. Und in Bezug auf das andere Geschlecht ist dieser Umstand noch wichtiger – sind wir doch (wohl oder übel) ein Leben lang mit dieser Thematik konfrontiert!

Wenn Sie einen Mann an Ihrer Seite haben wollen, der Sie glücklich macht und mit dem Sie eine lange und erfüllende Beziehung haben möchten, gehen Sie den ersten Schritt und versuchen Sie, zu *verstehen*, warum er so ist, wie er ist – nämlich *anders* als Sie.

Darin liegt letztlich das Geheimnis funktionierender und glücklicher Beziehungen: dass man den Anderen in seiner Andersartigkeit respektiert.
   So paradox es auch sein mag – Männer und Frauen ziehen einander an, eben *weil* sie *anders* sind. Genau das ist ja das Mysteriöse an der Sache, genau das löst in uns jenes magische Gefühl aus, das wir *Liebe* nennen.

Wenn Sie mir nun bitte erst einmal in die scheinbar „verwirrende Welt" der männlichen Gedanken und Gefühle folgen würden, die bei genauer Betrachtung gar nicht mal so verwirrend ist. Sie folgt nur eben anderen Spielregeln als die, die Sie als „normal" bezeichnen würden …

„Eben darin besteht die Liebe: Dass zwei Einsame einander beschützen, sich berühren und miteinander reden."

- Rainer Maria Rilke -

Die Entwicklung vom Jungen zum Mann

Wenn ein Kind heranwächst, darf es sich erst einmal verhalten, wie es möchte. Unabhängig davon, ob es sich dabei um ein Männlein oder ein Weiblein handelt, kann es sich sowohl wie ein „typischer Junge" als auch wie ein „typisches Mädchen" verhalten. Es gibt Jungen, die mit Puppen spielen und bitterlich weinen, wenn sie im Fernsehen ein Liebesdrama sehen. Genauso gibt es Mädchen, die sich grölend und Fußball spielend mit ihren Schulkameraden messen und dabei äußerst geschickt „ihren Mann stehen".

Einem Kind wird noch kein Rollenverhalten abverlangt.

Für die männlichen Wesen ändert sich das aber schlagartig, sobald sie in die Pubertät kommen – ab sofort, quasi über Nacht, dürfen sie keine weiblichen Verhaltensweisen mehr öffentlich präsentieren. So etwas wie Weinen oder offen dargestellte Sensibilität wird ab sofort von der „Gesellschaft" - also seinen Altersgenossen, Freunden oder Eltern - nicht mehr toleriert. Wenn sie sich nicht dem Vorwurf, schwul oder eine „Memme" zu sein, aussetzen wollen, haben sie ab einem Alter von circa 14-16 Jahren keinerlei weibliche Regungen mehr zu zeigen.

Im Gegenteil, der Mann muss von nun an stark, kontrolliert und selbstsicher sein – wenn er das nicht kann, wird er von seinen Altersgenossen gnadenlos niedergemacht. Man mag sich kaum vorstellen, wie brutal und barbarisch Jungen in diesem Alter miteinander umgehen können. Von regelmäßiger Bloßstellung vor versammelter Mannschaft über körperliche Gewalt, um sich miteinander zu „messen", bis hin zu folterähnlichem Quälen der

Schwächsten innerhalb einer Gruppe. Ganz brutal ist es vor allem in Gruppen, in denen ausschließlich Jungen zusammen sind. Kennen Sie den Film „Der Herr der Fliegen"? Darin wird sehr anschaulich dargestellt, was passiert, wenn eine Gruppe prä-pubertierender Jungen unbeaufsichtigt ohne Erwachsene auf einer einsamen Insel strandet. Am Ende gibt es Schwerverletzte und sogar Tote, weil erbitterte Kämpfe unter ihnen entstehen.

Ein junger Mann lernt also von nun an seine Emotionen, seine Sensibilität, seine „Weiblichkeit" – die ohne Zweifel in jedem Mann vorhanden sind, zu unterdrücken. Er assoziiert ganz generell starke Emotionen wie Angst, Trauer, Unsicherheit mit etwas Negativem. Etwas, das „nicht männlich" ist. Etwas, das es auszumerzen gilt.

Ein richtiger Mann ist nur der, der seine Emotionen im Bestfall komplett zu unterdrücken weiß, beziehungsweise sie unter Kontrolle hat, der keine Schwäche zeigt. Die wohl schlimmste Beleidigung unter jungen Männern ist immer noch: „Du Weichei!"

Mit anderen Worten: Ein Junge muss erst zum Mann *werden*, indem er lernt, die weiblichen Anteile in sich zu negieren – im Gegensatz zu einer Frau, die im Großen und Ganzen weiterhin so sein kann, wie sie ist. Auch wenn sie ihre maskulinen Anteile auslebt, indem sie vielleicht mal flucht, sich betrinkt, sich für Fußball interessiert oder auch sexuell mal den dominanten, den „männlichen" Part übernimmt, ist das völlig in Ordnung und wird allgemein toleriert.

So sehr die Gleichberechtigung der Geschlechter auch fortgeschritten sein mag, ein weinender Mann in der Öffentlichkeit – nach wie vor nahezu undenkbar. Es sei denn, er würde aus Rührung weinen

– vielleicht beim 30-jährigen Jubiläum seiner Firmenzugehörigkeit, nachdem eine Arie von Dankesreden auf ihn niedergegangen ist. Aber wehe, er tut das aus einer Emotion heraus, die von Allen als „Schwäche" gewertet würde.

Ich habe mal eine solche Szene mitbekommen. In einem Club stand ein vielleicht 25-jähriger Mann vor seiner Ex-Freundin und versuchte sie unter Tränen davon zu überzeugen, dass sie zu ihm zurückkommen sollte. Ich stand daneben und bekam alles mit. So sehr ich diesen Typen für seinen Mut bewunderte, wie offen er seine Emotionen zeigte – es war doch ein ziemlich jämmerlicher Anblick. Und seine Ex-Freundin reagierte darauf auch nicht gerade positiv. Nachdem sie ihm sein Mitleid versichert hatte, verschwand sie dann mit einem anderen Kerl knutschend in einer Ecke.

Nein, auch Frauen mögen es nicht, wenn wir ihnen unsere Schwäche, unsere Zerbrechlichkeit zeigen. Zumindest nicht in der Phase des Kennenlernens. Auch für Sie, liebe Damen, müssen wir möglichst souverän, stark und männlich agieren – wie sollten wir Sie auch sonst vor möglichen Gefahren beschützen?

Ganz anders läuft es, wenn eine Frau in der Öffentlichkeit in Tränen ausbricht. Wie oft beobachte ich, wie Frauen auf offener Straße in ihr Handy schluchzen – ganz ohne Zweifel ihren Geliebten am anderen Ende der Leitung. Man ist in solchen Situationen insgeheim grundsätzlich auf der Seite der Frau und denkt sich: „Der Typ muss doch ein Schwein sein ..."

Für Frauen ist es generell völlig in Ordnung, sich so zu geben, wie sie sind. Mal eher männlich beherrscht und kontrolliert, mal weiblich zerbrechlich. Von öffentlichen Hysterie-Anfällen vielleicht mal abgesehen, aber selbst diese werden immer noch im Bereich des weiblichen Spektrums als „normal" angesehen. Ansonsten muss sich eine Frau weder wirklich verstellen, um als vollwertige Frau wahrgenommen zu werden noch muss sie irgendeine grundlegende Eigenschaft verdrängen oder verleugnen. Sie haben es wirklich gut, meine Damen …!

Aber was bedeutet das nun eigentlich für einen Mann?

Jeder Mann hat also in einer prägenden Phase seiner Jugend gelernt, dass seine Emotionen etwas sind, das es geheim zu halten und zu bekämpfen gilt. Denn würde er einer Emotion, die seine vermeintliche Schwäche demonstriert, freien Lauf lassen, liefe er Gefahr, sich der Lächerlichkeit preiszugeben. Als „unmännlich" zu gelten.

Glauben Sie mir, es gibt nichts Schlimmeres für einen Mann, als seine Männlichkeit zu verlieren. Daran wird er gemessen, seine gesamte Existenz basiert darauf. Er muss sich männlich verhalten, ansonsten kann er einpacken.

Und „männlich" wird allgemein definiert als die Abwesenheit weiblicher Eigenschaften wie Weinerlichkeit, Furchtsamkeit, Unentschlossenheit, Zaghaftigkeit. Ohne jetzt irgendwelche Klischees bedienen oder gar eine Geschlechter-Debatte vom Zaun brechen zu wollen, aber Sie werden zugeben, dass ein Mann im Allgemeinen stark, zupackend und entschlossen agieren sollte, wenn er als Mann für voll genommen werden will.

Dieser Prozess, den jeder Junge in seiner Jugend durchläuft, führt zu einer tiefsitzenden Verunsicherung bei Männern. Müssen sie doch einen Teil ihres menschlichen Daseins, nämlich ihre Sensibilität, ihre Verletzlichkeit verdrängen, vertuschen und mit männlichem Gehabe überspielen.

Zu allem Übel taucht dann im Alter, wo ein Junge plötzlich kein Kind mehr sein darf und seine weiblichen Eigenschaften zu verdrängen lernt, auch langsam das Thema Frauen auf. Die einst „doofen Mädchen" werden auf einmal mit ganz anderen Augen wahrgenommen. Und auch hier setzt der allseits bekannte Konkurrenzkampf mit anderen Männern ein.

„Wer hat als Erster mit einem Mädchen geknutscht? Wer hat als Erster mit einer geschlafen? Wer hatte bis jetzt mehr Freundinnen? Wer hat die Schönste von Allen?"

Frauen dienen innerhalb der Männerwelt erst mal als eine Art sportliche Herausforderung, die es zu bewältigen gilt. Als eine Art Trophäe, die der Mann dann stolz seinen Artgenossen vorführt. Daran wird sich auch später im Erwachsenenalter erst mal nichts Wesentliches ändern.

Und auch hier gilt: Wehe, der Mann zeigt „unmännliche", emotionale Regungen. Wehe, er zeigt öffentlich, dass er das Mädchen vermisst, dass sie ihn verletzt hat, was auch immer. Und gerade während der ersten, unbeholfenen Versuche mit einem weiblichen Geschöpf sind seine Emotionen oft mehr als nur aufgewühlt.

Aber es herrscht das eiserne Gesetz: Sei ein Mann und keine Memme! Und so muss er seinen Kummer, seine Verletzungen - die sich in Liebesgeschichten nun mal zwangsläufig ergeben - ganz alleine für sich selbst verarbeiten. Sie herunterschlucken und vielleicht, ganz heimlich still und leise, nachts eine verschämte Träne in sein Kissen weinen.

Und genau das ist der Grund, warum Männer mit ihren Emotionen auf Kriegsfuß stehen. Ihnen wurde beigebracht, dass sie sie nicht zeigen dürfen, dass Gefühle der Schwäche etwas Schlechtes, etwas Unmännliches sind. Trotzdem hat ein Mann schon - gerade in Bezug auf Frauen - eine Unmenge von Gefühlen erlebt, die ihn geradezu überrollt haben. Die Tatsache aber, dass er sie nicht zeigen durfte, um nicht als Schwächling dazustehen, und dass er mit niemandem darüber reden konnte, lässt in ihm eine bittere Lektion zurück. Er hat gelernt, dass Emotionen in Bezug auf Frauen etwas Unberechenbares sind, mit dem ein Mann alleine und ohne jede Hilfe zurechtkommen muss. Eine ganze Armee unberechenbarer, Feuer speiender Drachen in seinem Inneren, die er ganz alleine bekämpfen und besiegen muss.

Das alles findet in der Abgeschiedenheit seiner Seele statt. Kaum ein junger Mann wird mit irgendwem darüber sprechen - schon gar nicht mit einem anderen jungen Mann. Muss er doch sein „Gesicht wahren", seine Stärke und Männlichkeit aufrecht erhalten. Wie schon gesagt, es gibt keine größere Angst, Nichts, was ein Mann mehr fürchten würde, als wieder in jenen frühkindlichen Zustand zurückzufallen, in dem er schwach und bedürftig sein konnte und eben noch kein Mann war.

Die männliche Identität

Wie Sie sehen, steht die Selbstwahrnehmung eines Mannes auf sehr wackligen Füßen. Er befindet sich andauernd in einem leisen Krieg mit sich selbst. Ständig muss er versuchen, möglichst männlich zu wirken, ständig muss er auf der Überholspur sein. Beruflicher Erfolg, Durchsetzungsvermögen, Konkurrenzdruck, Erfolg beim anderen Geschlecht. Und gerade in Sachen Frauen steht er unter enormem Druck.

Dem anderen Geschlecht zu gefallen, begehrenswert zu sein, Frauen glücklich zu machen, auch und vor allem sexuell zu befriedigen - das sind Dinge, die für einen Mann extrem wichtig sind und enorm zur Stärkung oder auch Schwächung seines Selbstwertgefühls beitragen.

Das Wichtigste, das es zu verstehen gilt, um die Selbstwahrnehmung eines Mannes nachzuvollziehen und wie er sich seine Identität bildet, ist Folgendes:

Männer erleben sich selbst hauptsächlich in der Außenwirkung, das heißt im Erreichen von Zielen oder im Schaffen von Werken. Im Bauen von Häusern, im Schreiben eines Romans, im Aufmotzen ihres Autos, im Erreichen einer nächsten Karrierestufe, im Gründen einer Firma.

Mit sich selbst und ihrer Innenwelt, also ihren Gefühlen, können sie nicht sonderlich viel anfangen. Es ist ein verwirrender und beängstigender, unkontrollierbarer Dschungel, der sich in ihrem Inneren befindet - warum sich also damit beschäftigen?

Darüber hinaus haben sie ja in ihrer Jugend gelernt, dass Gefühle ohnehin etwas Negatives sind, etwas, dass es zu verdrängen gilt. Also werden sie ihrer Innenwelt gegenüber taub und blind. Und konzentrieren sich auf die äußere Welt - hier scheint es noch Logik und Ordnung zu geben, hier kann ein Mann kalkulieren, hier kann ein Mann etwas bewirken. Da sich ein Mann selbst erfahren will, wissen will, „wer er eigentlich ist", beginnt er seine Wirkung auf die Außenwelt zu entdecken. Schließlich kann er ja in seinem Inneren nicht wirklich etwas ausrichten und vor allem hat er keine wirksame Kontrolle darüber.

Wie schön und übersichtlich ist dagegen die Außenwelt! Hier kann er entwerfen, modellieren, kalkulieren, zusammenbauen, reparieren, errechnen. Und sich dann selbst bewundern und bewundern lassen, wenn er vor seinem vollendeten Werk steht.

Er sieht sich selbst nicht in seinem Inneren, sondern in der Wirkung, die er auf das Äußere hat. Der berufliche Erfolg ist deshalb so wichtig für einen Mann, weil er sich selbst dadurch definiert, wie er auf Andere wirkt. Ein Mann „fühlt" sich nur gut, wenn er sich dem Respekt und der Anerkennung anderer sicher sein kann.

Deswegen arbeiten Männer auch teilweise bis zum Herzinfarkt, ohne Rücksicht auf ihre Gesundheit - weil sie sich ihres eigenen körperlichen und seelischen Zustandes gar nicht wirklich bewusst sind.

Sie brauchen die Anerkennung anderer Menschen, können regelrecht süchtig danach sein. Ganz einfach, weil sie sich ohne die Wirkung auf ihre Mitmenschen, auf die Außenwelt als nicht lebendig erleben. Und da sind solche Nebensächlichkeiten wie Herzschmerzen einfach zweitrangig.

Und genau deshalb tun sich Männer auch so schwer damit, über ihre Gefühle zu sprechen. Für Frauen ist das natürlich völlig unverständlich und ein Zeichen von „emotionaler Unreife". Für einen Mann aber gibt es nichts Befremdlicheres, als über seine inneren Zustände zu sprechen. Versucht er sie doch schon ein Leben lang zu verdrängen oder zumindest zu kontrollieren.

Und eben weil er solch ein seltsames Verhältnis zu seiner Gefühlswelt hat, ist er emotional so unendlich verletzlich. Im Vergleich zu einer Frau ist das Herz eines Mannes viel zerbrechlicher, viel empfindlicher.

Warum?

Weil er viel weniger mit negativen Emotionen, mit seelischem Schmerz umgehen kann - er kann ihn lediglich mit Alkohol oder Chemikalien betäuben. Sich damit auseinanderzusetzen, fällt ihm wesentlich schwerer, einfach, weil er keinen wirklichen und gesunden Zugang dazu hat.

Eine Frau weint, wenn sie traurig ist, und schüttet ihr Herz bei einer Freundin aus. Das Reden über ihre Gefühle hilft ihr, mit emotionalem Leid fertig zu werden. Ein Mann redet im Normalfall mit niemandem über seine Gefühlswelt. Erstens wüsste er gar nicht, wie er dieses Chaos überhaupt beschreiben soll und zweitens läuft er Gefahr, nicht mehr als „männlich" zu gelten. Haben Sie schon mal einen Mann gesehen, der seinem Freund in den Armen liegt,

während er unter Tränen von seinen Gefühlen berichtet?
Ein wohl eher seltener Anblick ...

Aber kommen wir zum Thema Frauen.

Die Wirkung, die ein Mann auf Frauen hat, ist für ihn und seine Identität mindestens genauso wichtig wie der Erfolg in der Berufswelt - wenn nicht noch wichtiger. Der berufliche Erfolg, das neue, überdimensionierte Auto, die schicke Penthouse-Wohnung - letztlich hat er diese Dinge nur aus einem Grund: Um Frauen zu beeindrucken.

Einziges Problem dabei ist: Er kann seine Wirkung auf Frauen viel weniger kalkulieren und vorhersehen, als seine Wirkung auf männliche Kollegen zum Beispiel. Weil er nicht weiß, wie Frauen denken und worauf sie Wert legen, ist er sich diesbezüglich extrem unsicher.

Es ist leichter für einen Mann, an einem heißen Tag einen Marathonlauf zu absolvieren oder jemanden k.o. zu schlagen, der zwei Köpfe größer ist als er, als eine Frau anzusprechen. Hier steht nämlich seine ganze Männlichkeit auf dem Spiel, er riskiert wirklich alles. Einer der schlimmsten Erlebnisse für einen Mann ist es, wenn eine Frau ihn eben *nicht* begehrt, sondern ihm unmissverständlich klarmacht, dass er doch bitte verschwinden soll.

Das Erhabenste und Beste, das seinem Ego und seinem Selbstwertgefühl widerfahren kann, ist, wenn er von einer Frau bewundert und angehimmelt wird. Er wird zwar niemals genau verstehen, warum eine Frau ihn eigentlich bewundert oder sich in ihn verliebt, aber es verleiht ihm einen ungemeinen Schub von Selbstbewusstsein.

Wenn eine Frau ihm die richtige Dosierung von Bewunderung zukommen lässt, verleiht ihm das regelrecht Flügel.

Im Grunde hat er aber keine Ahnung, was eine Frau von ihm erwartet und worauf sie Wert legt. Für sein fragiles Ego ist es aber ganz entscheidend, wie er auf Frauen wirkt und so kommt es, dass Frauen ein „großes Mysterium" für ihn sind. Etwas, vor dem er - wenn er tief in sich hineinhorcht - Angst hat.

Und genau das sorgt dafür, dass Frauen eine enorme Macht über uns Männer haben - nur wissen das leider die Allerwenigsten von ihnen. Wir haben im Lauf der Menschheits-Geschichte schließlich alles Erdenkliche unternommen, den Frauen glauben zu machen *WIR* hätten die Macht über *SIE*.

In unseren Breitengraden ist vieles von diesem System abgeschafft worden (der Gleichberechtigung sei Dank), aber die Wirkung tausender Jahre der Herrschaft von Männern klingt in unserem Unterbewusstsein noch nach. Und wir Männer haben nun mal etliche Tricks auf Lager, den Frauen noch immer weiszumachen, *sie* wären von *uns* abhängig und nicht umgekehrt.

Wir Männer wissen das im Prinzip alles sehr genau - wenn wir es uns auch nur ungern eingestehen. Und mitunter aus diesem Grund binden wir uns nur ungern fest und verbindlich an eine Frau: weil wir ihr dann emotional mehr oder weniger hilflos ausgeliefert sind.

Aber mehr dazu später ...

Im Moment lassen Sie uns Folgendes festhalten:

Das Ego und die Identität eines Mannes stehen auf sehr wackeligen Füßen. Ein Mann hegt mit seiner Innenwelt kein wirklich gutes Verhältnis und ist somit abhängig von seiner Wirkung auf die Außenwelt. Er ruht nicht „in" sich, sondern er erlebt sich selbst in der Außenwelt und definiert sich darüber, wie Andere auf ihn reagieren. Seine Wirkung auf Frauen ist für ihn extrem wichtig und ein Großteil seines Selbstwertgefühls hängt davon ab, wie begehrenswert er für Frauen, beziehungsweise für *seine* Frau oder Freundin ist - wenn er denn verheiratet ist oder eine Freundin hat.

Anmerkung:

Im Laufe eines Reifeprozesses, der im optimalen Fall früher oder später in jedem Mann eintritt, beginnt er diese Zusammenhänge zu durchschauen und daran zu arbeiten. Aber viele Männer sind sich nicht bewusst darüber, was sich in ihnen eigentlich abspielt und warum das so ist. Der Gang zum Psychologen zum Beispiel, der viel Licht ins Dunkel seiner Seele bringen könnte, gilt bekanntlich als extrem „unmännlich" und wird von vielen Männern gescheut.

Ihnen als Frau möchte ich aber ans Herz legen, behutsam mit diesem Wissen umzugehen und einen Mann nicht mit diesen Dingen zu konfrontieren oder ihn gar „therapieren" zu wollen. Viele Frauen fragen mich immer wieder, wie sie ihren Mann am besten „ändern" können, wie sie ihm „helfen" können, dass er sie oder auch sich selbst besser versteht - auf dass er dann eben verständnisvoller, zärtlicher und mitfühlender wird.

Ich kann Ihnen nur ganz entschieden davon abraten. Versuchen Sie nicht, einen Mann zu verändern oder an seiner Gefühlswelt „herumzubasteln". Jeder Mensch entscheidet selbst darüber, ob er sich ändern will, und NUR ER. Kein Anderer kann diese Veränderung herbeiführen. Auch wenn Sie es noch so gut mit ihm meinen, nur sein Bestes wollen:

Lassen Sie es sein!

Versuchen Sie vielmehr zu verstehen, was in den Männern vorgeht, versuchen Sie zu ergründen, warum Sie sich so „unreif" verhalten. Nur wenn Sie Ihre eigene Perspektive des Problems wechseln, sich versuchen, in einen Mann hineinzuversetzen, nur dann wird sich etwas in Ihrem Leben ändern. Nur dann werden Männer anders mit Ihnen umgehen.

Denn: Das Einzige, das Sie wirklich ändern können, sind Sie selbst! Ihre Einstellung zu den Dingen im Leben.

Machen Sie bitte nicht den Fehler, einen Mann mit „guten Ratschlägen" diesbezüglich zu bearbeiten. Der Schuss wird immer nach hinten los gehen. Ein Mann wird sich auf Dauer lieber dem Schmerz des Alleinseins aussetzen, als sich von einer Frau „therapieren" zu lassen.

Ich weiß, es ist verlockend, einem Mann diverse psychologische Wahrheiten über ihn unter die Nase zu reiben, ihm klarzumachen, er solle doch „endlich zu seinen Gefühlen stehen". Aber glauben Sie mir, kein Mann findet Gefallen daran. Im Gegenteil, er wird so schnell wie möglich die Flucht ergreifen, wenn Sie ihn mit Dingen konfrontieren, die sein Inneres angehen. Im besten Fall wird er sich schlicht und einfach weigern, sich zu ändern. Ich habe schon etliche Frauen bei dem Versuch erlebt, wie sie Ihren Mann „therapieren" wollten, auch ich selbst bin schon von Freundinnen in dieser Art bearbeitet worden. Glauben Sie mir, es gibt nichts Schrecklicheres, als eine Partnerin, die einen „therapieren" will.

Das ist in etwa so, wie wenn ein Mann Ihnen täglich sagt:

„Kannst Du nicht mal ein bisschen abnehmen?"

Was würde dann passieren? Sie würden unglücklich werden, weil Sie glauben, Sie gefallen ihm nicht. Und Sie würden vor allem eines:

Zunehmen.

> ## *„Eine Stelle in der Welt, ein winziges Teilchen wenigstens, können wir verändern: Das ist das eigene Herz."*
>
> - Reinhold Schneider -

Meine Geschichte

Ich will Sie nicht langweilen mit einer ausführlichen Biographie von mir. Aber Sie werden sich berechtigterweise fragen, wer dieser Mensch ist, der Ihnen versucht zu erklären, worauf es beim Thema „Männer" ankommt. Ich würde mir auch nicht von jedem dahergelaufenen Menschen irgendwas erklären lassen. Hier also ein kleiner Auszug meiner Lebensgeschichte:

Schon als kleiner Junge war ich mit vielen Mädchen befreundet. Ich war schon immer fasziniert von ihrem Wesen und fühlte mich magisch zu ihnen hingezogen. Ihre Art zu denken und miteinander umzugehen schien sich ganz erheblich zu unterscheiden von der Art und Weise, wie meine männlichen Freunde miteinander umgingen. Oft konnte ich mit ihrem Feinsinn und ihrer Art zu denken mehr anfangen, als mit der Rohheit meiner Kumpels.

Mitten in der Pubertät dann, im zarten Alter von 16 Jahren, ließen sich meine Eltern scheiden. Für mich brach eine Welt über Nacht auseinander. All meine Vorstellungen von „ewiger Liebe" und dem unerschütterlichen Glauben daran, dass ein Paar, das sich gefunden hat, lebenslang zusammenbleibt, starben innerhalb nur weniger Wochen. Ich verstand nicht, wie es dazu kommen konnte - meine Eltern liebten sich doch, dessen war ich mir immer sicher gewesen. Im Laufe der Scheidung bekam ich von beiden Elternteilen dann die Wahrheit zu hören - was der jeweils Andere falsch gemacht hatte, wie wenig er einen doch geliebt hätte, die ganze schmutzige Wäsche eben.

Vielen Dank an dieser Stelle an meine Eltern - sie haben mir sehr früh beigebracht, dass Mann und Frau völlig unterschiedliche Wesen sind, mit einer gänzlich anderen Art, die Dinge zu betrachten.

Mit 15 Jahren hatte ich meine erste feste Freundin. Es war eine unglückliche Liebe - sie kam aus Amerika und musste acht Monate später wieder zurück in die Staaten. Aus den hoch und heilig versprochenen täglichen Briefen wurde schnell nur einer in der Woche, dann nur noch zum Geburtstag und irgendwann schlief es ein. Sie wissen ja, wie so was ist. Im Laufe meiner Jugend und meinem jungen Erwachsenenalter hatte ich etliche Freundinnen. Immer waren die Beziehungen von tiefen Emotionen begleitet, mal mehr von meiner Seite, mal umgekehrt.

Ich bekam schon sehr früh immer wieder von Frauen zu hören, „ich sei anders". Ich würde über den Tellerrand schauen können, ich würde verstehen, was in Frauen vorgeht. Ich hatte immer auch weibliche Freunde, rein platonische, und wann immer es um ihre Beziehungen mit Männern ging, spitzte ich die Ohren und hörte ihnen zu. Ich wollte wissen, was sich in Beziehungen abspielt, wollte wissen, warum sich Menschen, die sich lieben, wieder trennen.

Meine Beziehungen zu Frauen waren meistens sehr leidenschaftlich und voller Emotionen. Natürlich war ich auch kein „Engel". Gerade weil ich im Laufe der Zeit lernte, wie man Frauen „herumbekommt", nutzte ich das oft schamlos aus.

Ich habe Frauen verletzt und wurde von ihnen verletzt. Ich habe Frauen verlassen und bin verlassen worden. Ich war ein Macho, ein „Aufreißer", ein Schurke. Genauso war ich schon ein gedemütigter, verlassener Mensch voller Liebeskummer und Herzschmerz.

Allerdings wollte ich immer schon den Dingen auf den Grund gehen: Warum? Warum finden Paare zueinander, warum trennen sie sich wieder? Wie kann man all das damit verbundene Leid und den Schmerz verhindern - oder zumindest verkleinern? Wie kommt es zu diesem magischen Moment, in dem wir uns ineinander verlieben? Was ist Anziehung? Und was führt dazu, dass die magnetische Anziehung des Anfangs wieder verblasst?

Getrieben von meinem Wissensdurst, meinen eigenen gescheiterten Beziehungen und auch der Trauer über die Scheidung meiner eigentlich „unzertrennlichen" Eltern fing ich an, alles Mögliche an Literatur über die Liebe, Partnerfindung und über psychologische Zusammenhänge des Themas zu verschlingen. Dabei fand ich heraus, dass das alles einer gewissen Logik folgt und es Zusammenhänge gibt, die man so auf Anhieb nicht erkennt. Klar, sonst wären wir ja alle schon längst glücklich verheiratet und es gäbe auch keine romantischen Liebesfilme, in die wir uns voller Sehnsucht hineinsteigern könnten.

Vor allem ergab sich im Laufe der Gespräche mit meinen weiblichen Freunden immer wieder die Gelegenheit, ihnen den einen oder anderen Tipp zu geben, wie sie einen Mann um den Finger wickeln können. Meistens funktionierten meine Ratschläge extrem gut - viele meiner Freundinnen entwickelten sich zu regelrechten Traumfrauen, bei denen die Männer nur so Schlange standen oder sich ihre Beziehungen entscheidend verbesserten. Irgendwie begann ich, mich „verantwortlich" zu fühlen, wenn ich das gebrochene Herz einer Frau sah, die eben nur nicht wusste, wie wir Männer denken und fühlen - und daraufhin verletzt oder verlassen wurde.

Frauen dabei zu helfen, erkennen zu können, wann ein Mann es ernst mit ihnen meint, und wann er ein „hoffnungsloser Fall" ist und was in uns Männern eigentlich vor sich geht - das war und ist mein erklärtes Ziel.

Nun, ich hoffe und wünsche mir, dass Ihnen die nachfolgenden Tipps und Anregungen ähnlich helfen können und Sie mit dem „Phänomen Mann" dadurch besser umgehen können. Denn eines ist sicher: Es erleichtert einem das Leben ungemein, wenn man das andere Geschlecht versteht und mit ihm umzugehen weiß.
Und zwar nicht nur im Liebesleben, sondern in allen Bereichen des Lebens.

Was mögen Männer am Single-Dasein?

Eine wirklich großartige Sache am Single-Dasein ist die, dass der Mann dabei so viele Frauen treffen kann, wie er möchte. Und bei all diesen Frauen kann er jederzeit die „Notbremse" ziehen, wenn er beginnt, Gefühle für sie zu entwickeln. Somit ist gewährleistet, dass er eben nicht zu diesem Gefühlsdussel mutiert, der einer Frau hinterher rennt und sich zu ihrem emotionalen Dackel degradieren lässt. Denn genau davor hat er eine riesige Angst. Hat sich doch jeder Mann mindestens einmal im Leben - meistens bei seiner ersten großen Liebe - dazu „herabgelassen".

Davon abgesehen spielt ein anderer Faktor eine sehr wichtige Rolle:

Männer scheuen sich oft vor einer festen Beziehung, weil sie das

Gefühl haben, sie würden etwas verpassen. Es gibt unendlich viele Frauen da draußen, warum sich also auf nur eine beschränken?

Der Traum von Partys an einem Swimmingpool, wo sich Dutzende von Bikini-Mädchen räkeln und sich Sex-hungrig über uns hermachen, sitzt tief in uns. Auch wenn es niemals zu so einer Party kommen wird, sind viele von uns so naiv und glauben, wir würden gerade jetzt die Chance darauf verpassen. Nicht zuletzt die Porno-Industrie gaukelt uns schließlich vor, dass es solche Gelegenheiten im Prinzip tagtäglich gibt. Und glauben Sie mir - jeder Mann schaut sich hin und wieder Pornos an.

Aber auch wenn wir wissen, dass die Chance für diese besagten Partys verschwindend gering ist, in Bezug auf feste Beziehungen glauben wir auch, wir würden etwas uns ungemein Wichtiges opfern: unsere Freiheit.

Meistens wissen wir mit dieser „Freiheit" zwar ohnehin nicht wirklich viel Sinnvolles anzufangen, aber wir glauben, es wäre etwas besonders Beschützenswertes. Etwas, das uns eine feste Partnerin potenziell wegnehmen könnte.

Teilweise stammt diese eigentlich unsinnige Überzeugung auch daher, dass sich eine nicht unerhebliche Anzahl von Frauen sehr besitzergreifend verhält. Die leicht übertrieben dargestellte Form davon sieht so aus:

Ein Mann lernt eine Frau kennen, fängt eine Beziehung mit ihr an und in den ersten Wochen ist alles wunderbar unbekümmert und entspannend. Keinerlei Anzeichen von nahender Freiheitsberaubung oder dergleichen. Gerade deshalb lässt der Mann sich auch „festna-geln" und bejaht die obligatorische Frage der Frau, ob sie denn jetzt „fest zusammen wären".

Allerdings verändert sich die anfangs noch so entspannende und schöne Beziehung unerklärlicherweise nach und nach in ein vor Verpflichtungen und Verboten nur so strotzendes Gefängnis. Auf einmal soll sich der Mann nicht mehr mit seinen Freunden treffen - „die sind kein guter Einfluss für dich". Er soll möglichst permanent für seine Freundin „da sein". Sich „mehr um sie kümmern".

In diesem neuen „Beziehungs-Vollzeit-Job", den er jetzt hat, soll er sich dann auch möglichst bald „verändern", er soll sparsamer werden, ordentlicher, liebevoller, ehrlicher, er soll weniger Alko-hol trinken, und überhaupt. So wie er jetzt ist, ist er nur ein halber Mensch.

Anfangs lässt sich der Mann darauf sogar ein, er will ja schließ-lich, dass es seiner neuen Freundin gut geht. Er weiß auch, dass sie in vielen Dingen nicht ganz unrecht hat. Aber er versteht ein-fach nicht, wieso sie immer am Nörgeln und am Meckern ist. Er tut ja schon sein Möglichstes, warum ist sie nur immer unzufrieden? Wieso nur versucht sie, ihn so krampfhaft mit neuen Geboten und Verboten „umzuerziehen"? Ihm neue Charakterzüge aufzuzwin-gen? Im Endeffekt wissen sich viele Frauen nicht anders zu helfen, als einen Mann auf diese Art und Weise an sich zu „ketten". Sie glauben, ihm damit helfen zu können. Sie meinen, sie würden ihm damit „doch nur etwas Gutes tun" und wollen ihm damit demonst-rieren, dass sie ihn lieben.

Leider bewirken sie damit oft nur das Gegenteil. Aber das weiß keiner von beiden. Und so bleiben sie auf unbestimmte Zeit zusammen und sehnen sich insgeheim die gute alte Zeit herbei, wo noch alles in Ordnung war. Sie klammern sich an die Erinnerung des Anfangs, wo alles noch schön war, voller Liebe und Glückseligkeit. Diesen Anfangszustand werden sie aber nie mehr wieder erreichen, es ist ein Teufelskreis, in den sie geraten sind.

Sie möchte ihn mit allen Mitteln zu einem besseren Menschen „umerziehen" und er wird sich bis in alle Ewigkeiten dagegen sträuben. Denn er empfindet ihre „Umerziehungs-Methoden" nicht als Liebesbeweis, sondern als Einengung seiner Freiheiten. Sie hingegen versteht nicht, wie starrköpfig er doch ist, wie unsensibel. Dass er einfach nicht sieht, wie sehr sie sich um ihn bemüht …

Eines schönen Tages wird diese Beziehung dann vermutlich aufgelöst - zum Wohle beider. Keiner der Beiden kann auf Dauer mit so etwas glücklich werden. Obwohl es Paare gibt, die auf dieser Basis ein ganzes Leben lang zusammenbleiben, trennen sich viele nach einigen Monaten oder vielleicht auch erst nach Jahren.

Wenn ein Mann eine Geschichte oder gar mehrere solcher Geschichten hinter sich hat, wird er ganz automatisch kein guter Freund von festen Bindungen sein. Er wird in sich die Überzeugung tragen, feste Beziehungen hätten etwas von einem Gefängnis. Unterbewusst verbindet er die Vorstellung an eine Beziehung immer mit dem „Kleingedruckten", all den Verpflichtungen und Einschränkungen, die potenziell auf ihn zukommen.

Natürlich kommt das im Endeffekt daher, dass sich solche Männer auf jeweils „falsche" Frauen eingelassen haben, die Beiden haben im Endeffekt schlichtweg nicht zueinandergepasst. Aber wir Männer neigen gerne zum Verallgemeinern und glauben nur allzu leicht: „Alle Frauen sind so".

Ganz ähnlich wie viele Frauen glauben, dass „alle Männer Borstentiere mit Ringelschwanz sind". Sie wissen, was ich meine?

Es ist eine traurige Tatsache, dass manche Männer glauben, Beziehungen hätten an sich nichts wirklich Positives. Diese Männer tragen noch immer die Enttäuschungen und Verletzungen vergangener Beziehungen mit sich herum. Und daraus entsteht natürlich die Angst, eine neue Beziehung könnte wieder in einem solchen Fiasko enden.

**Tragen Frauen die Angst in sich herum,
relativ schnell wieder verlassen zu werden,
so ist es bei Männern die Angst,
relativ schnell „festgenagelt",
verpflichtet und eingeschränkt zu werden.**

Männer - beziehungsunfähig?

Man könnte in Anbetracht solcher Tatsachen ja fast verzweifeln, oder?

Aber: Es besteht durchaus Hoffnung.

Denn jeder von uns kennt diese Geschichten von Paaren, die schon jahrelang glücklich zusammen sind - und sich immer noch lieben wie am ersten Tag. Nur - worin besteht deren Geheimnis?

Wie schaffen es manche Frauen, einen Mann entgegen all seinen „Überzeugungen" an sich zu binden? Haben Sie ihn verhext? Ihm einen geheimen Zaubertrank eingeflößt?

Nun, es gibt diesen Zaubertrank tatsächlich.

Denn es gibt etwas, das Männer den vermeintlichen „Nachteilen" einer Beziehung gegenüber blind macht, bzw. das dazu führt, dass die Vorteile einer festen Bindung überwiegen.

Der Weg zum Herzen eines Mannes führt über sein Ego

Ein Mann fühlt sich zu einer Frau hingezogen, der er etwas bedeutet. Die *hinter ihm steht*. Die *auf seiner Seite ist*. Die zerbrechliche Identität und das wackelige Ego der Männer haben wir ja bereits kennengelernt - eine Frau kann nichts Effektiveres tun, als dieses zerbrechliche Ego zu stärken.

Ein Mann wird sich nicht mit einer Frau zusammentun, die ihn ständig niedermacht, permanent etwas an ihm auszusetzen hat. Das kann er sich auf Dauer einfach nicht leisten. Sein Ich könnte diese Situation nicht ein Leben lang ertragen.

Natürlich wird man im Laufe einer Beziehung auch miteinander verhandeln und streiten, ich sage auch nicht, dass sich eine Frau ganz und gar kritiklos einem Mann unterwerfen soll - im Gegenteil. Ein Mann möchte eine starke Frau, die ihm auch das Wasser reichen kann. Sie sollte ihm auch nicht den ganzen Tag Honig ums Maul schmieren und ihn nonstop vergöttern.

Aber im Grunde möchte er eine Frau, mit der er ein harmonisches Leben führen kann. Die Herausforderungen des Alltags sind schon schwer genug für ihn, zuhause möchte er nicht auch noch von seiner Frau fertiggemacht werden.

Leider geben viele Frauen Ihrem Mann aber - ohne es zu wissen - das sich langsam bei ihm einschleichende Gefühl, er wäre nicht gut genug für sie.

Schauen sie sich dagegen das Gesicht eines Mannes an, der spürt, wie seine Frau sich freut, wenn er nach Hause kommt. Wie glücklich es ihn macht, wenn er merkt, dass sich seine Frau über die Blumen freut, die er ihr mitbringt. Es *tut ihm gut*, wenn er weiß, dass er eine Frau glücklich machen kann. Und das wird ihn dazu anspornen, sie auch weiterhin glücklich zu machen.

Wenn Sie einem Mann also zu verstehen geben, dass *er es ist, der sie glücklich macht*, dann schmeichelt das nicht nur seinem Ego, nein, er fühlt sich dadurch auch selbst glücklich und zufrieden.

Wie wir ja mittlerweile wissen, nimmt ein Mann sich selbst durch seine Wirkung in der Außenwelt wahr, er misst seinen eigenen Wert daran, ob er bei anderen Menschen etwas bewirken kann, ob er eine positive Reaktion von ihnen bekommt. Er achtet nicht oder nur wenig auf das, was sich in seinem Inneren abspielt. Deswegen können Sie einen Mann auch durch Nichts zufriedener machen, als dadurch, dass Sie ihm zu verstehen geben, dass *er es ist, der Sie glücklich macht.*

Natürlich gibt es immer etwas, das Sie an einem Mann stören wird; kein Mensch ist perfekt und wurde maßgeschneidert auf Ihre Vorstellungen hin erschaffen. Den Prinzen aus Ihren Träumen werden Sie wohl nicht finden. Aber wenn Sie einem Mann zu verstehen geben, dass Sie hinter ihm stehen und nicht permanent auf seinen Fehlern herumhacken, dann wird er Ihnen zuliebe seine Fehler und Macken ganz von alleine bearbeiten. Und so wird er ganz nebenbei Ihrem Traumprinzen immer ähnlicher werden.

Umgekehrt können Sie einen Mann regelrecht in den Wahnsinn treiben, wenn sie ständig an ihm rumnörgeln. Es wird ihn glauben machen, er wäre zu nichts zu gebrauchen, er könnte Sie nicht zufriedenstellen. Für sein Selbstbild ist das gleichbedeutend mit anhaltender Impotenz.

> *„Die meisten Frauen setzen alles daran,*
> *einen Mann zu ändern,*
> *und wenn sie ihn dann geändert haben,*
> *mögen sie ihn nicht mehr.“*
>
> - Marlene Dietrich -

Der Mythos, dass Männer nur „das Eine" wollen

Ich habe mal einen Artikel gelesen, in dem Frauen in einer klinischen Studie männliche Hormone, also Testosteron, in Pillenform verabreicht bekamen. Die Frauen berichteten im Laufe der Studie, dass sie „immer aggressiver wurden und nahezu dauernd von sexuellen Gedanken geplagt wurden." Sie hingen „fast permanent ihren schmutzigen Fantasien nach". Alle Damen brachen das Experiment vorschnell ab, sie hielten diesen befremdlichen Zustand nicht mehr aus.

Tja, willkommen in unserer Welt, kann ich da nur sagen.

Folgende Geschichte möchte ich Ihnen dazu erzählen:

Ein gut aussehender, intelligenter und junger Mann fühlte sich hingezogen zu einer Frau, die ihn körperlich extrem ansprach. Sie hatte den klassischen knackigen Po, lange Beine und eine recht üppige Oberweite. All seine Freunde und Bekannten fanden sie „irgendwie blöd", eine „charakterliche Null", waren also nicht wirklich von ihr überzeugt – konnte man doch noch nicht mal ansatzweise ein sinnvolles Gespräch mit ihr führen.

  Unserem jungen Freund war das aber egal – er war einfach nur hin und weg von dem „unbeschreiblichen Aussehen" und dem „wahnsinnigen Sex" mit unserer - sagen wir, etwas unterbelichteten - Schönheit.

Ein paar Monate später stellte unser junger Freund allerdings fest, dass er - außerhalb des Schlafzimmers - nicht viel mit seiner

Schönheit anfangen konnte. Klar, sie war ein echtes Schmuck-stück, man konnte sich wirklich mit ihr sehen lassen. Zumindest, solange sie den Mund hielt. Und der Sex - klar, er war umwerfend.

Aber dauerhaft befriedigen konnte ihn das alles nicht. Er suchte in einer Beziehung zu einer Frau mehr als nur körperliche Anziehung. Gespräche, intellektueller Austausch, gemeinsame Erlebnisse, Urlaube, das Gefühl von Geborgenheit. Gutes Aussehen und toller Sex? Das konnte doch nicht alles sein ... Und so entschloss er sich, nach genau zwei Monaten das Weite zu suchen. Es folgte eine län-gere Phase der Ernüchterung. Beide gingen aus dieser Beziehung mit einem starken Gefühl der Enttäuschung heraus und es dauerte seine Zeit, bis sich unser ehemaliges Pärchen emotional wieder erholt hatte.

Wie so viele „emotional unreife" Männer war er in die „Testoste-ron-Falle" getappt. Bevor sich unser Freund darüber bewusst wur-de, was er eigentlich von einer Beziehung erwartet (außer gutem Sex mit einem Laufsteg-Model), war er bereits gefangen in seinem „Testosteron-Gefängnis". Er dachte nicht an die Zukunft, an seine wirklichen Bedürfnisse, an seine Vorstellungen von einer glückli-chen Beziehung.

Anstatt zu warten, die Frau über einen längeren Zeitraum kennen-zulernen und sich dann zu überlegen, ob er bereit ist, sich auch emotional auf sie einzulassen, ging er gleich „aufs Ganze". Nur, um beide Beteiligte, allen voran die Frau, die sich natürlich mehr davon erhofft hatte, als nur eine „Sex-Beziehung", bitter zu enttäuschen. Es ist eine traurige Tatsache, dass sich Männer so oft von Ober-flächlichkeiten blenden lassen und nicht in Kontakt zu ihren eigentlichen Bedürfnissen stehen. Denn diese bestehen aus wesentlich mehr, als langen Beinen und einer üppigen Oberweite.

Allerdings sind Männer im Stadium der „Unwissenheit" darüber, was sie eigentlich von einer dauerhaften Beziehung erwarten, sehr leicht zu beeinflussen von Oberflächlichkeiten wie dem Aussehen.

Aufgrund mangelnder Erfahrung mit längeren Beziehungen kommt es vor, dass ein Mann jahrelang durch die Frauenwelt irrt und von Beziehung zu Beziehung stolpert, ohne zu wissen, was er eigentlich möchte. Im Laufe dieser kurzweiligen oder zumindest nicht in die Tiefe gehenden Beziehungen lernt er dann allmählich, was er vor allem NICHT möchte. Aber über ein intuitives Wissen darüber, was ihm gut tut und was er wirklich von einer Frau erwartet, verfügt ein Mann in jungen Jahren im Allgemeinen noch nicht.

Erst die Erfahrung mit verschiedenen Frauen lehrt ihn, wonach er Ausschau halten muss, was er eigentlich möchte. Und eines möchte er - entgegen aller Gerüchte - eindeutig NICHT: eine Beziehung, die nur aus Sex besteht. Und sei er auch noch so gut.

Kommen besonders attraktive Frauen wirklich besser bei Männern an?

Frauen, die dem allgemeinen Schönheitsideal der Männer entsprechen, haben es insgesamt gesehen schwerer, einen Mann für eine feste und dauerhafte Beziehung zu finden als Frauen, die nur „durchschnittlich" hübsch aussehen.

Warum?

Besonders attraktive Frauen werden wesentlich öfter „angebaggert", sie stehen schneller im Interesse der Männer, fallen einfach
mehr auf. Das vermittelt ihnen den Eindruck, sie hätten eigentlich
kein Problem damit, von Männern angesprochen zu werden – werden sie doch regelrecht umschwärmt von Ihnen. Ständig lernen
sie jemanden kennen, ständig bestehen beste Chancen bei Männern. Von anderen, weniger gut aussehenden Frauen werden die
„Schönheiten" bewundert und um ihre „tollen Chancen" regelrecht
beneidet.

Jedoch führt dies meistens dazu, dass sich die „Schönen" kaum
oder gar nicht mit den wirklichen Absichten der Männer auseinan-
dersetzen, sie sind ja sowieso „begehrt" beim starken Geschlecht.
Probleme, bei Männern „gut anzukommen", haben sie ja an sich
nicht.

Wie oft habe ich wirklich gut aussehende Frauen kennengelernt,
die tief verzweifelt waren, noch immer nicht „den Richtigen" getroffen zu haben. Die Tatsache, dass sich die Männer - meistens
schon nach wenigen Wochen - wieder von ihnen trennten, scho-
ben sie dann auf deren „Unreife" oder psychische Unzulänglichkeit.
Sie sahen ja gut aus, warum sollte sich ein vernünftiger Mann von
ihnen trennen? Männer sind doch visuell veranlagte Wesen, sie
achten doch hauptsächlich auf das Aussehen, oder nicht?

„Vermutlich haben die Männer einfach Angst vor mir, sind bezie-
hungsgestört, was auch immer. Aber an mir kann das ja wohl nicht
liegen ..."

Diesen fatalen Trugschluss unterliegen viele - gerade gut aussehende - Frauen. Verwöhnt von der Tatsache, bald wieder einen Mann „an der Angel zu haben", lassen sie sich auch nicht weiter beirren, und gehen schon bald die nächste Vier-Wochen-Beziehung ein. Nur, um dann ein weiteres Mal enttäuscht zu werden.

Der Denkfehler liegt darin, dass Männer sich eben nicht nur von Äußerlichkeiten leiten lassen. Zumindest nicht, wenn es um eine dauerhafte Beziehung geht. Sicher, um Männer kennenzulernen, ist es ein Vorteil, gut auszusehen. Sie werden mit Sicherheit häufiger angesprochen, ihnen wird öfters hinterher geschaut. Nur genau das führt meistens dazu, dass sich gut aussehende Frauen niemals ernsthaft Gedanken darüber machen, was Männer wirklich von ihnen wollen. Haben sie doch vermeintlich keine Probleme damit, Männer kennenzulernen.

Sich also der körperlichen Aufmerksamkeit eines Mannes sicher zu sein, bedeutet nicht, auch sein Herz zu gewinnen.

Der Eroberungstrieb der Männer

Männer wollen Frauen erobern.

Wir wollen aus einem Urinstinkt heraus eine Frau umgarnen, sie beeindrucken, eine „Leistung" erbringen. Wir wollen quasi „beweisen", dass wir ein toller Kerl sind. Wenn ein Mann nicht die Möglichkeit bekommt, seine Stärken und seine Qualitäten zu demonstrieren und eine Frau „zu einfach" von sich überzeugen kann, verliert er unter Umständen relativ schnell sein Interesse. Ein Mann sonnt sich unendlich gerne in der Bewunderung einer Frau. Allerdings möchte er sich dieser Bewunderung nicht *zu schnell* sicher sein. So seltsam es sich vielleicht anhört, aber wenn eine Frau einem Mann nach kurzer Zeit schon zu verstehen gibt, dass sie ihn unwiderstehlich findet, mag das zwar seinem Ego schmeicheln, aber die Verehrerin wird kaum den Status einer „Kandidatin" für eine feste Beziehung bekommen. Zumindest, wenn er sich diese Bewunderung nicht erst einmal „verdient" hat.

Um Ihnen das besser verständlich zu machen, unternehmen wir einen kleinen Ausflug in die Biologie:

Die Natur hat in Bezug auf uns Menschen Folgendes im Sinn: Sie möchte, dass möglichst gesunde Kinder zur Welt kommen und diese dann auch überleben. Nur so kann unsere Art auch noch weitere 10.000 Jahre überdauern.

Naturgemäß hat die Frau den schwereren Teil dieser Aufgabe zu erfüllen - sie muss das Kind neun Monate lang in ihrem Bauch herumschleppen und ist dann für mindestens ein Jahr quasi dauerbeschäftigt mit dem Stillen und Umsorgen des kleinen Menschen.

Infolge dessen hat sie natürlich ein immenses Interesse daran, sich den jeweiligen Vater wirklich gut auszusuchen. Sie muss sich sicher sein, dass er sie nicht verlässt, nachdem er „seinen Spaß" mit ihr gehabt hat. Nicht nur das, sie muss auch dafür Sorge tragen, dass ihr Geliebter auch über die nötigen Qualitäten verfügt, sodass ihr Kind möglichst stark, gesund und vital ist. Seine genetischen Qualitäten sind schließlich zu 50 Prozent am Ergebnis beteiligt.

Für einen Mann hingegen ist es - aus biologischer Sicht- längst nicht so wichtig, nur mit der Einen, „der Richtigen" zu schlafen. In den neun Monaten, in denen *eine* Frau von ihm schwanger ist, könnte er theoretisch 20 weitere schwängern - eins von den Kindern wird sicherlich durchkommen. Für einen Mann ist es also effektiver, möglichst viele Frauen zu beglücken und so seine Gene möglichst weit zu verbreiten. Von daher sind Männer auch nicht übertrieben wählerisch oder zaghaft, wenn es darum geht, mit einer Frau ins Bett zu gehen.

Allerdings wären wir Menschen vermutlich längst ausgestorben, wenn alle Männer auf diese Art und Weise wahllos ihre Triebe ausleben würden - auch wenn Viele von uns das vielleicht für paradiesische Zustände hielten - unserer Nachkommenschaft würden wir keinen großen Gefallen damit tun. Kleine Babys sind ganz einfach zu unselbstständig und schutzbedürftig, als dass eine Frau ohne jegliche Hilfe alleine damit zurechtkommen würde. Darum hat sich die Natur das Modell der Paarbildung ausgedacht. Um den Fortbestand der „Gattung Mensch" sicherzustellen, müssen Vater und Mutter zusammenbleiben.

Alleinerziehende Mütter haben es ungleich schwerer als ein Paar und das Kind wächst unter viel schwierigeren Bedingungen heran, als es das mit einem treu sorgenden Vater würde. Das war in der Steinzeit so und auch heute hat sich daran nichts Grundlegendes geändert. Auch wenn in unseren Breitengraden eine alleinerziehende Mutter längst nicht mehr so schwer an Ihrem Schicksal zu tragen hat und weder gesteinigt noch moralisch verstoßen wird - jede Mutter wünscht sich einen Vater für ihr Kind.

Aus diesem Grund hat die Frau schon seit Jahrtausenden die Rolle, sich den Mann - also den Vater ihrer Kinder - auszusuchen. Der zukünftige Vater muss zum einen über ausreichend gute genetische Qualitäten verfügen, das Kind muss schließlich gesund und stark sein. Zum anderen muss der Vater über eine Sammlung von bestimmten charakterlichen Eigenschaften verfügen - auf dass er auch bei Mutter und Kind *bleibt.*

Zu diesen Eigenschaften gehören unter anderem Stärke und Durchsetzungsvermögen, damit Mutter und Kind vor Feinden beschützt werden und dass der Mann es schafft, genug Nahrung auf den Tisch zu bringen. Nicht zuletzt deswegen versuchen wir Männer auch immer möglichst männlich und stark zu wirken - Sie erinnern sich?

Aber auch andere Eigenschaften wie Einfühlungsvermögen, Ehrlichkeit, Fürsorge, Kinderliebe und Intelligenz sollte der zukünftige Vater haben.

Die *Frau* ist in dieser ganzen Geschichte also diejenige, die den Mann in der Phase des Kennenlernens genau inspizieren muss, *sie entscheidet* letztlich darüber, ob sich der Mann für eine potenzielle Vaterschaft eignet oder nicht. Der Mann muss sich selbst unter Beweis stellen, er muss zeigen, dass er ein potenziell guter Vater und Partner sein kann. Er bewirbt sich sozusagen um den Job des zukünftigen Vaters, er „hält um ihre Hand an", er zeigt sich von seiner allerbesten Seite.

  Und genau dieses Verhalten hat Mutter Natur tief in unser Unterbewusstsein implantiert: dass wir eine Frau erobern, sie beeindrucken müssen, indem wir demonstrieren, welch wundervolle Gene wir in uns tragen.

Das natürliche Muster, wenn es um die Anbahnung einer Beziehung geht, ist also Folgendes:

Die Männer haben den aktiven Part, indem sie „auf die Jagd" nach Frauen gehen, die Frau umgarnen, sie mit allen möglichen Mitteln zu beeindrucken und von sich zu überzeugen versuchen. Die Frau hingegen „lässt sich erobern". Sie lässt zu, dass ein Mann alle seine Register der Eroberungskunst zieht. Sie gibt sich eher passiv, sie beobachtet ihn, hält ihn hin, während er seine Verführungskünste spielen lässt. Damit demonstriert er, dass er über die Eigenschaften eines guten Vaters und Versorgers verfügt und nicht nur das schnelle Vergnügen sucht, während sie sein Verhalten interpretiert und abwägt, ob er ihre Kriterien für eine sichere Vaterschaft erfüllt. Das ist das natürliche, tief in uns verwurzelte Verhalten, das sich seit Tausenden von Jahren so abspielt.

In den letzten 50 Jahren hat sich natürlich Etliches in Bezug auf das Geschlechter- und Rollenverhalten verändert. Allerdings ist die Einführung der Pille, die Gleichberechtigung der Frau und die sexuelle Revolution der 68-er im Verhältnis zur gesamten Zeitspanne der menschlichen Kultur gerade einmal eine Millisekunde alt. In unserem instinktiven Verhalten ist diese Veränderung noch längst nicht angekommen.

Unterbewusst sind wir Männer noch immer darauf getrimmt, uns erst mal „qualifizieren" zu müssen. Wir müssen einer Frau erst mal zeigen, was für ein toller Hecht wir doch sind. Wenn wir diese Chance nicht bekommen und stattdessen relativ schnell und mühelos bei ihr landen können, stellt das unser instinktives Verhalten auf den Kopf und die Frau wird relativ schnell uninteressant.

Haben Sie mal Tiere beim Werbungsritual um ein Weibchen beobachtet? Da werden wirklich alle erdenklichen Waffen des Männchens eingesetzt. Da werden Räder geschlagen, Tänze aufgeführt, Lieder geträllert, da wird sich aufgeplustert. Und die Weibchen? Die geben sich meistens erstaunlich uninteressiert und beobachten das Spektakel einfach nur.

Ich vergleiche uns ja nur ungerne mit Tieren, aber wir Männer funktionieren ganz ähnlich. Interessant und begehrenswert wirkt eine Frau dann auf uns, wenn sie uns gestattet, unser ganz individuelles Werbe-Ritual zu demonstrieren. Und sich eben *nicht* sofort davon beeindruckt zeigt.

Wenn eine Frau sich uns hingibt, ohne dass wir vorher eine entsprechende „Leistung" erbracht hätten, lehnen wir das natürlich nicht unbedingt ab - aber die Chance, mit uns eine längere Beziehung zu führen, sinkt dadurch rapide in den Keller.

Wir wollen Sie erobern, wir wollen etwas dafür tun, dass wir die Bewunderung einer Frau bekommen, uns mit Ihr sexuell vergnügen „dürfen". Wenn wir dieses Ziel zu schnell erreichen, verliert die Dame unseres Begehrens ganz schnell unser Interesse. Ganz einfach, weil das unsere Leistung - die wir noch gar nicht in vollem Umfang erbracht haben - weder erkennt noch würdigt. Und uns - noch bevor wir überhaupt bewiesen haben, wie toll wir doch sind - schon hinterher rennt. Schließlich wollen wir als potenzielle Partnerin keine Frau, die sich jedem gleich an den Hals wirft. Mit „leichten Mädchen" wollen wir keine feste Beziehung führen.

Wenn Sie also auf kurzweiliges, sexuelles Vergnügen aus sind, machen Sie keine Umschweife und halten Sie den Mann nicht lange hin. Sie können auch sämtliche „Spielchen" auf ein Minimum reduzieren, geben Sie ihm einfach indirekt zu verstehen, dass Sie keine Beziehung suchen, sondern auf Sex aus sind. 95 Prozent aller „auf dem Markt" erhältlichen Männer werden nicht lange fackeln und ihr Angebot annehmen. Am nächsten Morgen jedoch wird sich ihr nächtlicher Begleiter klammheimlich verdrücken - wenn er nicht aus Höflichkeit doch noch den Kaffee trinkt, den Sie ihm gemacht haben.

Interessant in diesem Zusammenhang sind Studien darüber, wie Männer sich verhalten, wenn Frauen sie *direkt* fragen, ob sie Sex mit ihnen haben möchten. Also ohne jedes Kennenlernen und Kommunizieren. Frauen gingen direkt auf fremde Männer zu und fragten sie ohne Umschweife, ob sie Lust auf Sex mit ihnen hätten - jetzt gleich.

Was glauben Sie, wie die Männer darauf reagierten? Mit einem Freudensprung?

Weit gefehlt ...

Über 90 Prozent der Männer lehnten das unmoralische Angebot ab(!) und waren teilweise regelrecht schockiert. War das doch genau *entgegen* jeder natürlichen Verhaltensweise einer Frau.

Sollten Sie also an einer langfristigen Beziehung Interesse haben: Lassen Sie ihn ein wenig zappeln! Werfen Sie sich einem Mann niemals gleich zu Füßen, sondern geben Sie ihm die Chance, sich bei Ihnen zu „qualifizieren". Lassen Sie sich erobern!

Denn letztlich sind Sie es, die entscheidet, ob der Mann der Richtige für Sie ist oder nicht. Schließlich haben Sie später das (angenommene) Kind am Hals und stehen schlimmstenfalls alleine da. Ein Mann hat -naturhistorisch gesehen - keine Konsequenzen zu befürchten, im Gegenteil, er kann sich schon bald das „nächste Opfer" suchen. Also: Seien Sie kein bloßes Opfer, sondern lehnen Sie sich zurück und beobachten Sie ausgiebig sein „Werbungsritual", bevor Sie sich ins Bett mit ihm begeben. Er macht das ganz exklusiv für Sie.

Was fühlen Männer eigentlich?

Ich weiß, es spricht Vieles dagegen - aber ja, auch wir haben Emotionen. Wenn wir Sie auch nur selten zum Vorschein kommen lassen.
  Dennoch besteht zwischen dem Facettenreichtum und der Blumigkeit weiblicher Gefühle und dem nur schwer zu beschreibenden, finsteren Wald der männlichen Gefühle ein gewisser Unterschied. Ich will versuchen, Ihnen zu erklären, wie sich eine männliche Emotion „anfühlt" und wie sie zustande kommt.

Grundsätzlich kann man sagen, dass wir im Gegensatz zu Frauen nicht in ständigem Kontakt zu unserer Gefühlswelt stehen. Da wir uns eher in der Außenwelt wahrnehmen und uns anhand der Reaktion unserer Mitmenschen definieren, wissen wir sehr oft nicht, was in unserem Inneren eigentlich genau vor sich geht.

Wie Sie vielleicht wissen, verfügen wir Menschen über verschiedene

Gehirnareale, die verschiedenste Aufgaben bewältigen. Also logisches Denken, Kreativität, Sprache usw. In bestimmten Bereichen sind diese bei uns Männern weniger gut miteinander „verdrahtet" als in weiblichen Gehirnen. Das Areal der Gefühlswelt kann nicht so effektiv mit dem Areal der Sprache kommunizieren, wie das bei Frauen der Fall ist.

Das bedeutet, wir spüren zwar, dass sich da gerade ein Gefühl in uns regt, wir können es aber nicht präzise benennen oder beschreiben. Wir können Ihnen ohne Probleme die dritte Quadratwurzel aus „Pi" errechnen, aber zu unserer Gefühlswelt haben wir keinen direkten und beschreibbaren Zugang.

Da wir nur einen eingeschränkten Einblick auf unsere Emotionen haben, können wir auch nicht wirklich gut und flüssig über unsere Empfindungen reden. Deswegen bekommen es Männer auch sehr oft mit der Angst zu tun, wenn eine Frau sie fragt, was er denn „für sie empfindet".

Während sie sich sehr wohl im Klaren darüber ist, was sie empfindet und das auch sehr genau beschreiben kann, ist er dazu oft schlichtweg unfähig. Das ist auch sehr oft der Grund, warum Frauen sich verzweifelt das Hirn zermartern und sich fragen, warum sie ihre Gefühle an solch einen emotionalen Eisklotz verschwenden.

Fakt ist: wir *haben* schon Gefühle, können diese aber nicht so klar zum Ausdruck bringen. Und weil das ein Bereich ist, bei dem wir den Frauen um Welten unterlegen sind, kommen wir uns bei Fragen nach unserem Gefühlszustand rückständig und völlig überfordert vor. Wir wissen im Prinzip, dass es letztlich eine Schwäche ist, sich über seine Gefühle nicht im Klaren zu sein und deswegen überspielen wir zuweilen diese Schwäche dann noch zusätzlich mit Ironie und Zynismus. Wir machen uns lustig über die weiblichen Gefühlsduseleien.

Wenn sich ein Gefühl wie z. B. „verliebt" bei uns einstellt, wissen wir oft nicht mal genau, ob das jetzt „Verliebt-Sein" ist, das wir fühlen. Wir wissen nur, dass wir uns in Gegenwart der neuen Bekanntschaft wohlfühlen und es als angenehm empfinden, Zeit mit ihr zu verbringen. Und ganz allgemein geht es uns gut, wir fühlen uns pudelwohl. Aber warum das so ist, könnten wir nicht mit absoluter Sicherheit sagen. Vielleicht ist es der neue Job, den ich gerade habe? Vielleicht der endlich beigelegte Streit mit einem Freund? Vielleicht das schöne Wetter momentan? Oder die Frau, die neulich in mein Leben getreten ist?

Mmhh … Vielleicht eine Mischung aus allem …

Das heißt, wir *fühlen* uns gut oder auch schlecht, wissen aber nicht genau, was der Auslöser dafür ist. Darüber müssten wir erst einmal nachdenken, um herauszufinden, was eigentlich gerade in uns vorgeht. Und selbst dann könnten wir nicht mit Sicherheit sagen, was uns gerade glücklich oder auch traurig macht.

Apropos traurig: Wenn wir sehr verletzt sind, wenn jemand uns wirklich emotional wehgetan hat, dann werden Sie uns selten als *traurig* wahrnehmen - wir würden uns freiwillig kaum dazu herablassen, Trauer zu zeigen. Geschweige denn, uns diese Trauer einzugestehen. Wir werden dann *wütend*.

Wenn Sie also einen Mann beobachten, der stinksauer ist und vor Wut nur so schäumt, können Sie davon ausgehen, dass er auch in irgendeiner Form verletzt wurde und traurig ist. Aber Trauer und Verletzung äußert sich bei uns meistens in Zorn und Wutausbrüchen.

Des Weiteren haben wir in puncto Gefühle eine andere Zeitwahrnehmung. Im Normalfall dauert es länger, bis sich ein Gefühl wie das Verliebt-Sein bei uns einstellt. Bis wir uns in eine Frau verlieben, kann eine sehr viel längere Zeitspanne vergehen, als es bei einer Frau der Fall ist. Oft ist es so, dass wir erst merken, ob wir eine Frau lieben, wenn sie schon längst wieder verschwunden ist. Erst, wenn Sie uns fehlt, spüren wir unsere wirklichen Gefühle ihr gegenüber.

Das mag Ihnen seltsam vorkommen, aber es ist die Wahrheit. Wir können leider auch nichts dafür.
  Und genau diese emotionalen Unterschiede zwischen den Geschlechtern sorgen für so viele Missverständnisse.

Hören Sie sich einmal die schmachtenden Liebeslieder von männlichen und weiblichen Sängern und im Radio an und achten sie auf den Text. Männer singen hauptsächlich darüber, wie schlecht es ihnen geht, jetzt, wo die Geliebte nicht mehr da ist. Wie sehr sie sie geliebt haben, wie sehr sie sich wünschen, sie möge doch zurückkommen. Zu Gefühlsausbrüchen neigen Männern meist dann, wenn alles zu spät ist. Frauen hingegen singen oft von Ihren aktuellen starken Gefühlen ihrem Mann oder Geliebten gegenüber. Wie sehr sie ihn brauchen, wie sehr sie ihn lieben. Und zwar *jetzt*.

Fassen wir also zusammen: Männer *haben* Gefühle, auch durchaus intensive. Sie pflegen zwar keinen besonders guten Umgang mit ihnen und stellen sie auch eher selten zur Schau, aber - sie sind vorhanden.

Bloß werden Sie durch ein Nachfragen und -bohren, was ein Mann Ihnen gegenüber fühlt, nicht weit kommen - er wird Ihnen ausweichen oder es gar mit der Angst zu tun bekommen. Weil es für ihn eine fast unlösbare Aufgabe ist, Ihnen das zu erklären. Das ist, als wenn ein Mann von Ihnen verlangt, Fallschirm zu springen und nicht versteht, warum das ein Problem für Sie ist.

Zeitlich gesehen gibt es oft eine „Verschiebung" zwischen den Gefühlen einer Frau und denen eines Mannes. Männer „hinken" gefühlsmäßig oft ein wenig „hinterher", was ganz einfach daran liegt, dass sie sich Ihrer Gefühle nicht in dem Umfang bewusst sind, wie es die meisten Frauen nun mal sind. Von daher wundern Sie sich nicht und verfallen Sie nicht in Grübelei, was der Mann jetzt wohlfühlen mag. Oft fühlt er sogar das Gleiche wie Sie, er weiß es nur nicht.

Aber ich kann Sie ermutigen: Es gibt ein paar Tricks, mit denen Sie in kürzester Zeit herausfinden können, was ein Mann fühlt. Vor allem, was er Ihnen gegenüber fühlt.

Dazu später mehr.

> ## „Es gibt nur wenige,
> ## die mit ihren eigenen Augen sehen und
> ## mit ihren eigenen Herzen fühlen."
>
> - Albert Einstein -

Was wirkt anziehend auf einen Mann?

Im Laufe all der Jahre, die ich mich mittlerweile mit dem Thema beschäftige, habe ich mich immer wieder gefragt: Was genau finden wir eigentlich attraktiv an einer Frau? Welche Eigenschaften üben Anziehung auf uns Männer aus? Und entgegen all der bösen Gerüchte gibt es sehr wohl innere Werte, für die wir uns begeistern - letztlich sind es gerade diese inneren Werte, die uns dazu bringen, eine feste Beziehung mit einer Frau einzugehen. Oder recht schnell wieder das Weite zu suchen.

Ich habe unzählige Unterhaltungen mit Männern darüber geführt und mit ihnen gemeinsam die Frage besprochen: „Was finden Männer anziehend? Warum und wodurch verlieben wir uns ernsthaft? Welche Eigenschaften reizen uns an einer Frau?"

Nach all der Recherche, die ich dazu betrieben habe, stellte ich fest, dass es erstaunlich viele Parallelen zwischen all den verschiedenen Männern gibt. Man kann also tatsächlich behaupten, es gibt eine „Liste" von attraktiven und anziehenden Eigenschaften bei Frauen, die nahezu alle Männer unterschreiben würden.

Hier sind sie also, Charaktereigenschaften von Frauen, die Männerherzen höher schlagen lassen. Und ich gehe jede Wette ein, dass Sie bereits mehr als eine davon haben:

Sinn für Humor

Wenn Sie es schaffen, einen Mann zum Lachen zu bringen, heben Sie sich von der Masse all der langweiligen und deprimierten

Frauen erheblich ab. Vor allem Humor, der ein wenig sarkastisch ist, löst Gelächter bei Männern aus. Schauen Sie sich die Sketche von Anke Engelke an und Sie wissen, was gemeint ist. Humor von der Sorte, dass Sie sich selbst oder ihn ein wenig durch den „Kakao ziehen", also neckische Scherze über ihn machen, kann einen Mann wirklich begeistern.

Männer praktizieren das untereinander häufig. Sie sticheln sich gegenseitig auf eine harmlose und lustige Art und Weise. Unter uns ist das ein ungeschriebener Codex, der beweist, dass wir uns mögen. Wenn er einen Scherz auf Ihre Kosten macht, und Sie das nicht persönlich nehmen, sondern ebenso harmlos mit einem Scherz kontern, können Sie sich seiner Achtung und Sympathie sicher sein. Sinn für Humor ist eine äußerst liebenswerte Eigenschaft an einer Frau.

Intelligenz

Wenn Sie ihn mit Dingen überraschen, die davon zeugen, dass Sie Bildung haben und sich mit verschiedenen Themen auseinandergesetzt haben, dann gewinnen Sie sofort seinen Respekt und seine Anerkennung. Wenn eine Frau in politischen, historischen oder ökonomischen Gesprächen mitreden kann, wirkt Sie äußerst interessant und anziehend. Vor allem, wenn sie eine eigene, von ihm unterschiedliche Meinung dazu hat - diese aber nicht zu „kämpferisch" darbietet. Männer achten intelligente Frauen sehr, mögen aber jenes Konkurrenzgehabe nicht, das manche an den Tag legen, um ihre Intelligenz auch zu beweisen. Sie müssen nichts beweisen, ein Mann bemerkt die Intelligenz einer Frau sehr schnell und ist beeindruckt davon.

Aber und gerade auch Intelligenz, die nicht von Bildung zeugt, sondern von schneller Auffassungsgabe, löst in einem Mann Respekt und Bewunderung aus.

Fürsorglichkeit

Wenn eine Frau einem Mann zu verstehen gibt, dass Sie an ihn denkt. Wenn Sie ihm bei Dingen hilft - ohne dass er es erwartet. Ich erinnere mich noch genau an die Geste einer Freundin, die mich wirklich begeistert hat: Wir waren noch nicht lange zusammen und sie wusste, dass ich es nicht schaffen würde, mir eine Kiste Wasser zu kaufen, da mein Auto für mehrere Wochen in der Werkstatt war. Sie bekam mit, dass ich mir mein Wasser immer einzeln, also flaschenweise im Supermarkt holte – ein Fakt, der mich zu Tode nervte. Eines Tages stand eine volle Kiste Wasser in meiner Küche. Ungefragt hatte Sie mir doch tatsächlich eine besorgt und sogar in den zweiten Stock geschleppt! Wow, dachte ich, wie unendlich lieb von ihr! Es ging nur um eine lächerliche Kiste Wasser, aber diese Geste berührte mein Herz.

Aufmerksam

Männer lieben es, wenn sie beachtet werden. Vor allem dafür, wenn sie etwas - ihrer Meinung nach - Großartiges vollbracht haben. Wenn er irgendetwas wirklich gut kann und eine Frau schenkt ihm Beachtung dafür und sagt ihm, wie sehr sie ihn dafür bewundert, dann kann sie sich seiner Aufmerksamkeit genauso sicher sein. In dieser Hinsicht sind Männer wie kleine Jungen - sie müssen hören, dass sie Dinge gut gemacht haben. Nur dann fühlen Sie sich geschätzt und anerkannt. Auch ein Mann mit dem unerschütterlichsten Selbstvertrauen braucht es dringend, dass man seine

Qualitäten wahrnimmt. Ein ernst gemeintes Lob für eine hervorragende Arbeit von ihm kann sein Herz zum Schmelzen bringen.

Abenteuerlustig

Männer wollen mit Frauen etwas erleben. Sie möchten nicht ihr gesamtes Leben kuschelnd zu Hause vor dem Fernseher verbringen. Wenn eine Frau bereit ist, aufregende Dinge mit ihm zu unternehmen, die ungewöhnlich sind und einen Hauch von Abenteuer haben, nimmt er sie als eine einzigartige und aufregende Frau wahr. Sie müssen nicht in einem Schlauchboot die Niagarafälle mit ihm hinunterfahren, Sie brauchen auch keine Berge im Himalaja mit ihm zu besteigen. Worum es geht, ist die Freude und Bereitschaft für ungewöhnliche Unternehmungen. So etwas wie eine Mountainbike-Tour durch den Wald oder ein Ausflug in einen Vergnügungspark ist meist schon Abenteuer genug. Er wird Sie dafür lieben.

Eine Herausforderung sein

Wenn Sie einem Mann zu verstehen geben, dass Sie nicht „einfach zu haben sind". Wenn er etwas dafür tun muss, um Sie zu bekommen und Sie sich nicht nur aufgrund seines schicken Autos auf ihn einlassen. Männer wollen um Sie kämpfen, sie wollen erobern! Diese Eigenschaft ist - meiner Meinung nach - die, die Sie sich am einfachsten zu eigen machen können. Und sie ist mit einer der effektivsten, wenn es darum geht, ihn dauerhaft an sich zu binden. Lassen Sie ihn ein wenig „zappeln"! Sie glauben gar nicht, wie verrückt ein Mann nach Ihnen sein kann, nur wegen dieses kleinen Details! Aber mehr dazu später.

Selbstbewusst und frech

Männer fühlen sich hingezogen zu Frauen, die eine freche und kecke Art von Selbstvertrauen haben. Allerdings ist nicht die Domina-artige und herrschsüchtige Art von Selbstsicherheit gemeint, sondern die, bei der eine Frau humorvoll und frech, dabei aber sympathisch rüberkommt. Frauen dagegen, die sich den ganzen Tag Gedanken machen, ob sie gemocht werden, wirken eher unattraktiv und langweilig. Nehmen Sie einen Mann nicht immer ernst, sondern ärgern Sie ihn auch mal. Necken Sie ihn, machen Sie einen Scherz auf seine Kosten. - Sie werden sich wundern, wie er sich dadurch angezogen von Ihnen fühlt. Vor allem: Machen Sie sich nicht zu viele Gedanken darüber, wie Sie wohl bei Männern ankommen mögen. Seien Sie einfach Sie selbst und scheren Sie sich nicht weiter darum, ob er sie mag. Alleine dadurch wirken Sie schon extrem anziehend.

Talent und Begabung

Wenn eine Frau etwas tut, das nicht jeder kann: Tanzen, Singen, Gedichte schreiben, ein Instrument spielen, Malen, eine ungewöhnliche Sportart ausüben usw. hat sie dadurch „das gewisse Etwas", sie wirkt dadurch extrem interessant auf Männer und hebt sich von der großen Masse der Frauen entscheidend ab. Mit was verbringen Sie Ihre Freizeit? Wie wäre es, mit etwas ganz Neuem anzufangen? Aber erzählen Sie einem Mann nicht davon, indem Sie es ihm „unter die Nase reiben", um zu demonstrieren, wie einzigartig Sie doch sind, sondern erwähnen Sie es eher beiläufig, als sei es für Sie selbstverständlich.

Der Hauch von Unerreichbarkeit

Wenn sich eine Frau nach den ersten Annäherungs- und Eroberungsversuchen eines Mannes ihm eben nicht sofort freudig hingibt, oder ihm gar hinterherläuft. Gerade in der Anfangsphase wirkt es geradezu magnetisch auf einen Mann, wenn sich eine Frau nicht jeden Tag meldet, wenn sie sich rarmacht. Das weckt seinen Eroberungstrieb und vor allem seine Neugier. Ein Mann sollte niemals das Gefühl bekommen, er würde Sie einfach und ohne große Mühe bekommen können oder Sie seien ihm restlos verfallen. Im Gegenteil, erwecken Sie den Eindruck, Sie fänden ihn wirklich nett, aber Sie wissen noch nicht, was daraus werden kann - und ein Mann wird Sie als etwas ganz Besonderes wahrnehmen. Erzählen Sie auch nicht alles von sich, behalten Sie ihre Geheimnisse für sich. Vor allem erzählen Sie ihm nicht zu früh von Ihren Gefühlen zu ihm. Auch dazu später mehr.

Strebsamkeit

Wenn eine Frau etwas erreichen will im Leben, wenn Sie eine Vision hat und diese auch verfolgt - das wirkt enorm anziehend auf Männer. Es geht dabei nicht darum, eine Karrierefrau zu sein, die nur Ihren Job im Sinn hat, sondern um die Fähigkeit, ein Ziel zu verfolgen - beruflich oder privat - und hinter diesem Ziel zu stehen, nicht zu schnell aufzugeben und den Kopf in den Sand zu stecken. Zielstrebigkeit wirkt auf einen Mann Respekt einflößend und sehr anziehend.

Eigenständigkeit

Männer fühlen sich außerordentlich hingezogen zu Frauen, die Ihren eigenen Kopf haben. Frauen, die ihren „eigenen Weg" gehen und sich nicht abhängig von anderen Menschen machen. Die ihr Leben im Griff haben. Männer bewundern Frauen, die auf eigenen Beinen stehen. Nicht unbedingt nur finanziell, sondern in allen Lebenslagen. Gerade auch im zwischenmenschlichen Bereich. Anziehend sind emotional unabhängige Frauen, die ihr Wohlbefinden und ihre gute Laune nicht von der Anwesenheit eines Mannes abhängig machen, sondern die auch alleine wunderbar zurechtkommen.

„Hinter jedem erfolgreichen Mann steht eine starke Frau."

Volksweisheiten bergen oft sehr viel Wahres.

Unvorhersehbarkeit

Männer fühlen sich geradezu magnetisch angezogen von Frauen, die sie nicht kontrollieren können. Eine Frau, die unvorhersehbar ist, die überraschend handelt. Allerdings sollte man das nicht mit Launenhaftigkeit verwechseln, es geht dabei darum, dem Mann - vor allem am Anfang - ein gewisses „Rätsel" zu sein. Wenn eine Frau sich generell nicht so verhält, wie er es erwartet, sondern eben anders. Eben so, wie sie es für richtig hält und nicht so, wie es ihm vielleicht gefallen würde. Allerdings ist einem Mann später, wenn es um eine feste Beziehung oder gar um eine Heirat geht, ein Mindestmaß an Vorhersehbarkeit sehr wichtig. Es geht aber erst einmal darum, was Männer beim Kennenlernen attraktiv finden.

Und das ist jene „Rätselhaftigkeit", die ihn wie magisch in ihren Bann zieht. Tun Sie Dinge, mit denen er nicht rechnet, seien Sie undurchschaubar!

Sexuelle Natürlichkeit

Ob Sie es glauben oder nicht, ein Mann will keine Porno-Darstellerin, die wilde Orgien mit ihm feiert. Es geht auch nicht darum, hundert verschiedene Kamasutra-Stellungen zu beherrschen; das ließe eher darauf schließen, dass Sie sich schon mit Dutzenden von Männern körperlich vergnügt haben, und spricht nicht unbedingt für Sie. Wir Männer sind in diesem Bereich konservativer, als Sie vielleicht glauben. Wir möchten nur ungern eine feste Freundin oder Ehefrau, die vor uns mit unzähligen Männern geschlafen hat.

Männer lieben es, wenn Frauen einfach nur *Spaß* am Sex haben. Wenn Sie sich wohl in ihrem Körper fühlen und es *genießen* können. Wenn ein Mann merkt, dass eine Frau es genießt, mit ihm Sex zu haben, wird er es auch sehr genießen.

Ansonsten lassen Sie beim Sex alles ein wenig langsamer angehen, als er es möchte. Halten Sie ihn ein wenig hin, zögern Sie alles ein wenig hinaus. Damit können Sie einen Mann geradezu süchtig nach Ihnen machen. Tun Sie das, was er will, aber nicht in der Geschwindigkeit, wie er es will. Näher möchte ich an dieser Stelle nicht ins Detail gehen, den Rest können Sie sich ja vermutlich denken.

Warmherzigkeit

Eine Frau, die nicht in ihrem eigenen Egoismus badet, sondern auch um das Wohl anderer Menschen besorgt ist, ist der Wunschtraum eines jeden Mannes. Sie sollte nicht unbedingt an einem ausgeprägten Helfer-Syndrom leiden - Mutter Theresa wäre ein eher schlechtes Beispiel. Aber wenn Sie ein offenes Herz für die Probleme anderer Menschen haben, dann verfügen Sie über einen Charakterzug, der Männer dazu bringt, sich ernsthaft in Sie zu verlieben. Allerdings sollten Sie eines nicht: Sich von Anderen ausnutzen lassen. Eine Frau sollte immer die Grenze zwischen Einfühlsamkeit und Aufopferung kennen

Sexy

Unter „sexy" verstehen Männer, nach allem, was ich im Laufe all der Gespräche mit Männern herausgefunden habe und auch von mir selbst weiß, Folgendes:

Es geht *nicht* darum, dass Sie den Körper von Heidi Klum oder die „Traummaße" von 90/60/90 haben. Als sexy wird eine Frau wahrgenommen, wenn sie eine gewisse Sinnlichkeit hat. Nun, was ist das genau - sinnlich?

Sinnlich ist eine Frau, die zu sich und Ihrer Weiblichkeit ein gutes und freundschaftliches Verhältnis hat. Eine Frau, die es *genießt*, in ihrem Körper zu sein. Der erste Schritt hin zu mehr Sinnlichkeit ist ganz einfach der, seinen Körper als Freund wahrzunehmen. Zu tun, und zu genießen, was dem Körper Lust und Freude bereitet. Es kann überaus sexy sein, wenn eine Frau nur an einem Glas Rotwein nippt - wenn sie es sinnlich tut. Indem Sie den Wein genießt, ihn riecht und mit allen Sinnen wahrnimmt. Sinnlichkeit ist nichts anderes, als den eigenen Körper und die gesamte Welt zu genießen - und ihn nicht als eine einzige „Problemzone" zu deklarieren.

Letztens las ich dazu ein Gedicht eines unbekannten Verfassers, das den Nagel auf den Kopf trifft:

„Jeden Eindruck zu riechen,
zu schmecken, zu tasten,
zu sehen und zu hören."

„Ihn nicht auszuwerten, zu verstehen,
sondern ihn nur aufzunehmen,
zu spüren, zu genießen."

„Sinnlichkeit ist die Kunst,
nicht zu beurteilen.
Sinnlichkeit ist Empfangen.
Sinnlichkeit sind Seidenschals und
Kamine, ist Amber und Zimt und
frische Rosenblüten."

„Sinnlichkeit ist ein Lebensweg und
Mut hat, der ihn geht."

Weibliche Eigenschaften, die Männer dauerhaft faszinieren

Vielleicht schlagen Sie nach dieser „Liste" die Hände über Ihrem Kopf zusammen und denken sich: „Soll ich mir denn jetzt all diese Eigenschaften aneignen, nur um mit einem netten Mann eine schöne und glückliche Beziehung führen zu können?"

Nein, es geht nicht darum, *alle* Eigenschaften zu haben. Ich glaube, es gibt nicht eine einzige Frau auf der Welt, die die gesamte Palette der „Traumfrau"-Eigenschaften hat. Und wenn doch, wäre sie so etwas wie eine Fantasiegestalt. Eine Fee, die es ohnehin nicht nötig hätte, sich mit Männern auseinanderzusetzen. Die „Liste" soll Ihnen nur als Orientierung dienen.

Bei den Eigenschaften, die Männerherzen zum Schmelzen bringen, geht es im Prinzip hauptsächlich um diese:

- **Sie sollten sexy/sinnlich sein**
- **Sie sollten warmherzig sein**
- **Sie sollten Humor haben**
- **Sie sollten wissen, was Sie wollen.**

Sie können intelligent, sexy und warmherzig sein. Sie können witzig, sexy und warmherzig sein. Genauso können sie zielstrebig, sexy und warmherzig sein.

Sexy und warmherzig - das sind die Frauen, die Männer für gewöhnlich heiraten oder zumindest lange und dauerhafte Beziehungen mit ihnen eingehen. Humor ist eine Eigenschaft, die die

„freundschaftliche" Ebene bei Männern berührt. Freundschaft ist überaus wichtig, wenn es um eine lange und feste Bindung geht.

Bei allem sollten Sie aber *Ihren eigenen* Weg verfolgen, sie sollten sich darüber im Klaren sein, was Sie *wollen*. Was Sie in einer Beziehung wollen, was Sie beruflich wollen, was Sie im Leben wollen. Und zwar deshalb, weil es darum geht, dass *Sie glücklich sind*.

Nur wenn Sie das tun, was Ihnen selbst gut tut, wenn Sie im Leben Dinge erreichen, die *Ihnen* wichtig sind - nur dann werden Sie innerlich auch erfüllt sein. Es geht hier *nicht* darum, alles zu unternehmen, um einem Mann um jeden Preis zu gefallen und „zufriedenzustellen". Sondern es geht im Endeffekt darum, dass es *Ihnen* gut geht. Dass Sie unabhängig davon, ob Sie nun eine Beziehung haben oder nicht, glücklich und zufrieden mit Ihrem Leben sind. Glückliche und mit sich selbst zufriedene Frauen - das ist es, was jeden Mann geradezu magisch anzieht. Und das erreichen Sie nur, indem Sie sich klar darüber werden, was Sie im Leben selbst *wollen*.

Eine Beziehung zu einem Mann - und sei sie auch noch so schön - kann Sie niemals *ausschließlich* rundum zufrieden und glücklich machen. Sie kann eine Basis sein, ein Ruhepunkt im Sturm des Lebens. Und genau das sollte sie auch sein.

Echte Erfüllung und echtes Glück kommen allerdings immer auch aus Ihrem Inneren - indem Sie Dinge tun, die Sie glücklich machen, Dinge, die *Sie* eben wollen.

Nun. Tun Sie diese Dinge!

Erfüllen Sie sich Ihre Wünsche! Tun Sie im Leben das, was Sie wollen und brauchen!

Männer haben ein sehr feines Gespür dafür, wenn eine Frau glaubt und hofft, nur durch die Beziehung zu ihm würde Sie glücklich werden, ja, wenn Sie von diesem Mann diese „automatische" Glückseligkeit regelrecht *erwartet*. Auf einen Mann wirken solche Frauen hilfsbedürftig und unselbstständig. Männer fühlen sich hingegen sehr zu Frauen hingezogen, die ihre eigenen Ziele verfolgen und Dinge tun, die ihnen selbst gut tun. Ein gesundes Maß an Egoismus wirkt extrem attraktiv auf einen Mann.

> *„Menschen interessieren sich*
> *für Menschen,*
> *die sich für sich selbst interessieren."*

- aus Norwegen -

Wie Männer den weiblichen Körper WIRKLICH wahrnehmen

Es gibt wohl kaum ein größeres Missverständnis, das in der Frauenwelt herumgeistert, als jenes, was wir Männer an weiblichen Körpern attraktiv empfinden.

Viele Frauen glauben, sie wären nicht attraktiv. Sie wären zu fett, sie wären zu mager, sie hätten zu kleine Brüste, einen zu dicken Po usw. Es erschreckt mich immer wieder, wie streng viele Frauen mit sich selbst ins Gericht gehen und sich als „nicht sexy" bezeichnen.

Ich kann Ihnen definitiv sagen, die meisten Frauen sind mindestens doppelt so attraktiv, als sie sich selbst beurteilen. Das scheinen sie aber leider nicht zu wissen. Vermutlich schauen sie sich zu viele Werbeanzeigen mit retuschierten, halb nackten Damen an, die für die neuste Unterwäsche-Kollektion posieren.

Ob Sie es glauben oder nicht - wir Männer wissen, dass diese Bilder unecht und nachbearbeitet sind. Wir orientieren uns nicht an solchen unechten Idealen, so naiv sind wir nun auch wieder nicht. Klar, wir schauen uns gerne solche Bilder oder Werbespots an, aber wir vergleichen unsere Partnerinnen nicht ernsthaft mit ihnen und fragen uns dann, warum sie nicht auch so aussehen kann. Warum also bitteschön quälen Sie sich und machen diesen Vergleich?

Davon abgesehen müssen Sie eines wissen: Männer LIEBEN weibliche Rundungen, sie lieben den weiblichen Hüft-, Po- und Bauchspeck. Sie als Frau mögen eine lebenslange Feindschaft mit jeglichem Körperfett hegen - das liegt daran, dass Sie Fett an Männern nicht mögen. Wir hingegen haben ein völlig anderes Verhältnis zu Körperfett, wir betrachten es als weiblich, wenn eine Frau ein wenig „zu viel" davon hat. Das „zu viel" ist für die meisten Männer gerade richtig.

Wenn es nämlich darum geht, ob der Körper einer Frau als sexy und begehrenswert wahrgenommen wird, zählt vor allem eines: das Verhältnis von Taille zu Hüfte.

In den neunziger Jahren fand der Attraktivitätsforscher Devendra Singh heraus, dass Frauen weltweit - unabhängig von Kultur und Herkunft - als begehrenswert beurteilt werden, wenn sie ein Verhältnis von Taille zu Hüfte von etwa 0,7 bis 0,75 haben -

vollkommen egal, wie dick oder dünn sie sind. Um diesen Faktor noch hervorzuheben und zu betonen, gab es in vergangenen Zeiten Korsetts und Reifröcke, in die sich die Frauen zwängten.

Errechnet wird dieser sogenannte „WHR-Faktor", indem Sie den Umfang der Taille durch den Umfang der Hüfte teilen. Die Taille wird in Nabelhöhe und die Hüfte an ihrer dicksten Stelle gemessen.

Sie suchen jetzt gerade nach einem Maßband, nicht wahr?

Nun, wenn Sie über dieses Verhältnis verfügen, werden Sie von 95 Prozent der Männer als eine Frau mit einer guten Figur wahrgenommen. So einfach ist das. Also verschwenden Sie bitte ab heute keine Zeit mehr mit unnötigen Gedanken darüber, ob sie sexy sind oder nicht.

Von dieser kleinen, aber bedeutenden wissenschaftlichen Tatsache einmal abgesehen: Wissen Sie, was jeden Mann garantiert beeindruckt? Wenn Sie zufrieden mit Ihrem Körper sind. Wenn Sie zu Ihrem Körper stehen. Ja, wenn Sie Ihren Körper lieben.

Ich hatte mal eine Freundin, die alles andere als einen „Traumkörper" hatte. Sie hatte ein wirklich hübsches Gesicht, aber sie war eindeutig übergewichtig. Sie hatte mindestens acht Kilogramm zu viel. Ihre Brüste hingen unschön und von der Schwerkraft in Mitleidenschaft gezogen in Richtung Bauchnabel. Ich will jetzt gar nicht weiter ins Detail gehen, aber diese Frau hatte alles andere als eine Modelfigur. Auch um Ihr besagtes Hüften-Taillen-Verhältnis war es nicht gerade gut bestellt.

Das Entscheidende aber ist: Ich mochte Ihren Körper, ich war geradezu verrückt nach ihm. Wissen Sie auch warum? *Sie* mochte ihren Körper *selbst*. Sie genierte sich nicht, vor mir nackt im Zimmer herumzulaufen. Sie machte keinerlei Anstalten, sich zu verhüllen, oder ihre „Makel" zu verstecken. Anfangs dachte ich noch, ich könnte mich nicht dauerhaft damit anfreunden, ich hatte bis dahin immer relativ schlanke Freundinnen gehabt. Aber als sie einmal sagte: „Ach, wieso soll ich mich verstecken, Du musst so oder so damit klarkommen. Du liebst mich ja schließlich", dauerte es nicht mehr lang und ich fand ihren Körper toll. Sie war alles andere als verzweifelt über ihren Körper. Sie stand einfach dazu, dass sie ein wenig mollig war.

Wir hatten eine sehr leidenschaftliche und innige Beziehung. Leider musste sie nach zwei Jahren beruflich nach Übersee ziehen und im Laufe der Zeit verlor sich diese Beziehung. Wir haben immer noch Kontakt, aber jeder hat mittlerweile einen anderen Partner. Eigentlich traurig, aber so spielt das Leben.
Wenn ich so darüber nachdenke, war auch der Sex mit ihr der Beste, den ich je hatte - sie konnte ihn wirklich genießen. Einfach, weil sie sich keine Gedanken über ihren Körper machte, sondern ihn, als das sah, was er war: ein Geschenk unseres Schöpfers, das einem viel Freude spenden konnte. Auch wenn das Geschenk in ihrem Fall ein wenig üppig geraten war.

„Je mehr Körper, umso mehr Freude", pflegte sie zu sagen.

Oder: „Fett ist schließlich ein Geschmacksverstärker."

Tja, recht hatte sie.

Es ist alles eine Frage der Einstellung, die Sie zu ihrem Körper haben. Wenn Sie ihn mögen - trotz der vielleicht zu kleinen Brüste oder des zu dicken Pos - werden ihn die Männer auch mögen. Wenn Sie ihn *lieben*, werden auch die Männer ihn lieben. Wenn Sie sich schämen oder sich selbst niedermachen für einen „nicht-Werbespot-tauglichen" Körper, wird ein Mann das merken und sich wundern, warum Sie Probleme haben, nackt vor ihm herumzulaufen. Er wird sich von einer Frau, die sich unwohl in Ihrem Körper fühlt, nicht wirklich angezogen fühlen. Selbst wenn sie schlank ist und über die „perfekten" Maße verfügt.

Echte Leidenschaft entsteht da, wo Sie eins werden mit Ihrem Körper. Und das geht nur, wenn Sie Ihren Körper schätzen.

Das Geheimnis ist: Wenn Sie sich selbst mögen, wird ihr Partner es auch. Und das ist kein Spruch, um Sie zu trösten, nein - es funktioniert wirklich!

Es ist immer besser, sich unvollkommen zu lieben, als makellos auszusehen und sich trotzdem nicht leiden zu können!

Fangen Sie an, Ihren Körper als das anzusehen, was er ist: Ein Wunder der Natur, das dazu da ist, Ihnen Freude zu schenken. Tun Sie ihrem Körper Gutes und freunden Sie sich mit ihm an - ihr Körper und auch Ihr Partner wird es Ihnen danken.

*„Liebe ist gemeinsame Freude
an Wechselseitiger Unvollkommenheit."*

- Hans Kudszus -

Die erste Begegnung

Nachdem wir jetzt also einen kleinen Tauchgang in die Psyche der Männer unternommen haben, lassen Sie uns erst mal wieder an die Oberfläche schwimmen und tief Luft holen.

Viele Frauen stellen sich beim Thema Männer erst einmal die ganz profane Frage: Wo lerne ich überhaupt einen gescheiten Mann kennen?

Die Antwort darauf ist genauso profan:

Im Prinzip überall.

Das kann über Kontaktanzeigen in einer Zeitung oder im Internet sein, ein Mann kann Sie in einem Museum ansprechen, in einer Bar, in einem Club, ja, selbst in einer Selbstfindungs-Gruppe die Tai-Chi und Yoga anbietet, tummeln sich Männer, die auf der Suche nach einer Frau sind. Wobei Männer an Yoga oder Selbstfindung tendenziell nicht unbedingt brennend interessiert sind.

Statistisch gesehen lernen sich die meisten Paare am wohl unspektakulärsten Ort schlechthin kennen: auf der Arbeit. Sollten sich auf Ihrer Arbeitsstelle aber nur Langweiler oder unerträgliche Vorgesetzte mit Macho-Allüren befinden, werden Sie wohl auf Alternativen zurückgreifen müssen.

Sehr vielversprechend sind Vereine, Sprachkurse, Sport- oder Fitnessclubs, Tanzkurse, also Orte an denen Menschen ihren privaten Interessen nachgehen. So haben Sie auch immer gleich ein gemeinsames Gesprächsthema und vor allem ein gemeinsames Interesse, dem man auch in Zukunft zusammen nachgehen kann.

Sollten Sie kein Hobby oder eine Sportart betreiben, rate ich Ihnen dringend: Legen Sie sich umgehend eines zu! Buchen Sie den nächsten Salsa-Kurs, fangen Sie an, Squash zu spielen, lernen Sie eine neue Sprache! Neben den potenziellen Chancen, dort einen Mann kennenzulernen, erweitern Sie auch Ihren Horizont, und das erhöht - ganz nebenbei - auch Ihr Wohlbefinden und somit Ihre Attraktivität.

Tanzkurse sind immer noch die „inoffiziellen Singlebörsen" und Sie können davon ausgehen, dass die Männer, denen Sie dort begegnen werden, über ein Mindestmaß an Kultiviertheit verfügen. Sie sollten sich vor allem im Klaren darüber sein, welche Sorte Mann Sie eigentlich als Partner haben wollen - und dann an Orte gehen, wo sich solche Männer aufhalten.

Ansonsten kann man sagen, dass Männer jüngeren bis mittleren Alters gerade am Wochenende gerne „auf die Jagd gehen". Sie „takeln" sich - genauso wie Frauen - auf, ziehen sich etwas Schickes an und gehen auf die freie Wildbahn der Bars, Clubs und Partys der Stadt.

Allerdings ist es für die meisten von uns Männern eine echte Überwindung, überhaupt eine Frau anzusprechen. Unser gesamtes Selbstwertgefühl steht dabei auf dem Spiel. Wenn uns eine Frau äußerlich gut gefällt, wenn sie ansprechend auf uns wirkt, tun wir uns unendlich schwer, sie auch tatsächlich anzusprechen.

Glauben Sie mir, es ist leichter für einen Mann, sich mit einem zähnefletschenden Hund anzulegen, als eine Frau anzusprechen, die ihm gefällt. Wir haben vor kaum etwas mehr Angst, als von einer Frau eine Abfuhr zu bekommen. Vielleicht liegt das an unserer mitteleuropäischen, eher steifen Mentalität. Wie viele Frauen haben mir schon von den - eher dreisten und plumpen - Flirtversuchen von z. B. Südeuropäern erzählt.

„Angesprochen werde ich schon, aber eben immer von den Falschen!"

Der Punkt ist der: Viele der netten und charmanten Männer haben meistens erhebliche Hemmungen, auf Frauen direkt zuzugehen und sie anzusprechen. Wenn Sie also auf einer Party oder in einer sonstigen öffentlichen Ansammlung von Menschen sind und einen Mann sehen, der Sie interessiert, dann warten Sie nicht nur passiv darauf, dass er sich ein Herz fasst und Sie anspricht. Sie können einem Mann ganz einfach „auf die Sprünge" helfen, in dem Sie ihm eindeutige Signale senden. Schauen Sie ihn an und *lächeln* Sie.

Lächeln ist die wohl effektivste Methode, Sympathie bei einem unbekannten Gegenüber auszulösen. Schauen Sie ihn an, lächeln Sie einfach nett zu ihm herüber - das lässt jeden Mann sofort einen Großteil seiner Scheu verlieren. Wenn das bloße Lächeln nicht wirkt, heben Sie ihr Glas und prosten ihm dezent zu. Ein mit dem Mund geformtes „Hallo" kann Wunder bewirken. Aber tun Sie das alles nicht zu aufdringlich oder penetrant. Er würde sich sonst eventuell „zu direkt" angebaggert vorkommen, und das nimmt dem Ganzen den Reiz. Bei allem, was Sie machen: Tun Sie es diskret und auf eine nette, sympathische Art und Weise. Und werden Sie auf keinen Fall anzüglich. So etwas, wie ihm im Vorübergehen einen Klaps auf den Po geben oder Ähnliches sollten Sie auf keinen Fall tun. Das schreckt Männer entweder ab oder hinterlässt den Eindruck, sie würden „abgeschleppt" werden wollen.

Viele Frauen sitzen einen ganzen Abend über mit einem gelangweilten oder uninteressierten Gesichtsausdruck da und wundern sich, warum sie keiner beachtet.

Wieder andere Frauen haben die Arroganz geradezu mit „Löffeln gefressen", sie setzen diesen unnahbaren, fast schon angewiderten Blick auf und wundern sich genauso, warum Sie „nicht endlich mal einen vernünftigen Mann kennenlernen".

Manche Frauen reagieren auch äußerst taktlos und fast schon gemein auf die hilflosen Versuche eher schüchterner Männer. Mindestens einmal im Leben musste jeder Mann erleben, wie er von einer Frau gnadenlos lächerlich gemacht wurde, nachdem er sie ein wenig unbeholfen versucht hat anzusprechen. So etwas sitzt tief im ohnehin eher instabilen Ego eines Mannes.

Denken Sie immer daran: Viele der wirklich netten Männer sind extrem verunsichert, wenn es um das Ansprechen von Frauen geht. Sie können ihm diese Unsicherheit aber nehmen, indem Sie ihm positive Signale wie ein Lächeln oder vielleicht ein Augenzwinkern schenken. Ein Mann wird immer noch höllisch verunsichert sein, wenn er sich dann traut, auf Sie zuzugehen, aber Sie nehmen ihm zumindest die Hälfte seiner Angst.

Aber selbst wenn Sie ihm eindeutige Signale wie das besagte Lächeln senden, gibt es noch weitere Hinderungsgründe für einen Mann, auf Sie zuzugehen:

In einer Situation, wo er Sie nur kurz sieht und es keine Zeit für ein Gespräch gäbe: in der U-Bahn oder in einem Aufzug zum Beispiel. Er glaubt, es nicht zu schaffen, Sie in so kurzer Zeit von sich selbst zu begeistern.

An öffentlichen Plätzen in der Abenddämmerung oder bei Nacht: Berechtigterweise haben viele Frauen Angst vor Fremden, ein Mann möchte nun mal nicht mit einem Axt-Mörder oder Vergewaltiger verwechselt werden.

Wenn Sie mit mehreren Freundinnen unterwegs sind: Es gibt nichts Peinlicheres für einen Mann, als sich vor einer Gruppe fremder Menschen zu blamieren. Das ist, als wenn auf einmal die ganze Welt schweigen würde, nur um ihm zuzuhören - um ihn danach mit schallendem Gelächter niederzumachen.

Frauen sind sehr oft mit ihren Freundinnen unterwegs. Allerdings bedeuten Freundinnen immer auch eine erschwerende Hürde, die ein Mann nehmen muss. Er blamiert sich potenziell nicht nur vor *Ihnen*, sondern auch noch gleich vor all Ihren Freundinnen. Kaum ein Mann wird sich dieser Gefahr aussetzen. Da könnte er sein Ego auch gleich in einen Fleischwolf werfen, in der Hoffnung, es würde keinen Schaden nehmen.

Wenn Sie also mit Ihren Freundinnen unterwegs sind und einen Mann erblicken, den Sie gerne kennenlernen würden, ist es das Beste, wenn Sie sich alleine auf die Tanzfläche begeben, oder sich einfach kurz von der Gruppe entfernen. Sie erhöhen damit die Chance ungemein, dass sich ein Mann überwindet und Sie anspricht.

Denken Sie immer daran: Ein Mann steht vor der für ihn fast unlösbaren Aufgabe, Ihnen in kürzester Zeit zu präsentieren, was für ein „toller Kerl" er ist. Sie können ihm diese Aufgabe massiv erleichtern, indem Sie ihm zu verstehen geben, dass Sie ein freundlicher Mensch sind, der ihm nichts tun wird - und eben nicht das Monster, das ihn mit Haut und Haar verspeisen wird.

Noch etwas ganz Entscheidendes: Gehen Sie mit einem Mann nicht zu hart ins Gericht, wenn er sich am Anfang etwas unbeholfen verhält. Seine Verunsicherung und seine vielleicht etwas verkrampfte Art sind im Endeffekt nur ein Beweis dafür, dass Sie ihm gefallen. Viele der eher schüchternen Männer, die sich nicht gleich selbstbewusst und „männlich" vor Ihnen aufplustern, stellen sich auf die Dauer als die „bessere" Wahl heraus. Stille Wasser sind bekanntlich tief.

Also haben Sie bitte ein wenig Nachsicht mit uns, wenn wir Ihnen anfangs vielleicht ein wenig lächerlich vorkommen - für uns steht viel mehr auf dem Spiel, als für Sie - nämlich unser Ego.

Kann eine Frau einen Mann ansprechen?

Grundsätzlich sage ich dazu klipp und klar:

Nein. Punkt.

Es ist und bleibt unsere Aufgabe, die Frau anzusprechen, und das wissen wir.

Wir wissen auch, dass wir uns gefälligst zu überwinden haben, Sie anzusprechen - und nicht umgekehrt. Es kommt zwar immer wieder vor, dass Frauen ohne jedes Bedenken auf „Männerjagd" gehen, aber diese Frauen finden mit dem direkten Ansprechen Ihrer „Opfer" meistens nur eines: einen Partner fürs Bett.

Uns Männern kommen solche Frauen - bei aller Gleichberechtigung - so vor, als hätten sie es „dringend nötig". Wir werden ihnen zwar sehr wahrscheinlich den Gefallen tun und uns dazu „aufopfern", sie körperlich zu beglücken, aber auf eine feste Beziehung mit ihnen werden wir uns kaum einlassen.

Ich kenne etliche Frauen, die am Wochenende losziehen, um sich „einen Mann zu angeln". Unter Alkoholeinfluss verlieren sie dann ihren letzten Funken Schüchternheit und sprechen die „süßen Typen" an, die gerade völlig ahnungslos an der Theke stehen.

Die freuen sich natürlich - haben sie doch leichtes Spiel mit den Frauen. Aber mehr als eine kurzweilige, rein körperliche Liebesgeschichte wird daraus meistens nicht.

Männer haben überhaupt kein Problem damit, eine oder mehrere rein sexuelle Bekanntschaften zu haben - ohne auch nur den leisesten Anflug von Emotionen dabei zu empfinden. Frauen können das zwar bis zu einem gewissen Grad auch, aber für sie ist es schmerzhafter, von einem Mann nur auf ihren Körper reduziert zu werden. Emotionen entstehen bei uns Männern *nicht* durch Sex - bei Frauen tendenziell schon - ob sie es wollen oder nicht. Wenn ein Mann also von einer Frau direkt „angemacht" wird, interpretiert er das als „sexuelles Angebot" und nimmt es meist dankend an, er fühlt sich allerdings dabei zu nichts verpflichtet.

Also seien sie um Himmels Willen nicht jene Frau, die sich einem Mann „feilbietet". Zumindest nicht dann, wenn Sie auf der Suche nach einer ernsten Beziehung sind.

Wenn Sie auf eine längere Partnerschaft Wert legen und nicht nur als eine „willkommene Bettgeschichte" in die Biografie eines Mannes eingehen wollen, rate ich ihnen tendenziell davon ab, einen Mann anzusprechen und den „ersten Schritt" zu tun.

Warum?

„Wir leben im 21. Jahrhundert, ich bin eben ein kontaktfreudiger Mensch, warum soll ich denn bitte keine Männer ansprechen?", werden Sie vielleicht denken.

Wir Männer wollen jagen, wir wollen eine Frau *erobern*. Wir möchten nicht, dass sich das Reh freiwillig tot vor uns legt und wir es nur noch verspeisen müssen. Wir wollen es jagen, wir wollen uns anstrengen und es dann - als Lohn für unsere Mühen - erlegen. Vielleicht ein etwas schauerlicher Vergleich, aber es ist die Wahrheit.

  Und wenn wir Sie zur festen Partnerin küren sollen, wenn wir also Ihnen zuliebe unser bequemes Single-Dasein aufgeben sollen, dann möchten wir vor allem eines:

Sie müssen etwas Besonderes sein.

Eine Frau, die sich uns quasi zu Füssen wirft, ist nichts Besonderes für uns.

Wenn es um den emotionalen Irrgarten der Männer geht, sollten Sie sich eines immer wieder vor Augen halten:

Innerhalb der ersten Minuten des Kennenlernens entscheidet sich das weitere Verhalten von uns. Innerhalb der ersten Minuten entscheidet sich, welche Qualität unsere zukünftigen Gefühle Ihnen gegenüber haben werden. Diese ersten Momente sind entscheidend, sie lassen sich nie mehr rückgängig machen. Deshalb ist es so unendlich wichtig, was Sie uns innerhalb dieser ersten Minuten signalisieren.

Wenn Sie sich einem Mann „an den Hals" werfen, dann wird er automatisch und völlig unbewusst von Ihnen denken, Sie wären eine Frau, die es „nötig hat". Eine Frau, die „abgeschleppt" werden möchte. Auch wenn Sie einem Mann ihre Unabhängigkeit, ihr Selbstbewusstsein oder Ihre Kontaktfreudigkeit beweisen wollen - in seinen Augen sind Sie das nicht. Sie sind eine Frau, die sich Männern an den Hals wirft - und somit eine Gefahr für seine spätere potenzielle Vaterschaft. Wer kann ihm garantieren, dass Sie das nicht immer wieder machen - bei anderen Männern?

Denken Sie immer daran - wir können die Jahrtausende alten biologischen Regeln nicht unterdrücken, sie sitzen tief in unseren Instinkten.

Die Mutter seiner späteren Kinder wirft sich keinem Mann an den Hals. Das machen aus unserer Sicht nur Frauen, die kurzweilige sexuelle Erfahrungen machen möchten. Und viel mehr wird ein Mann Ihnen nicht geben wollen.

Also halten Sie bitte an dieser eisernen Grundregel fest:

Lassen Sie sich ansprechen!

Natürlich gibt es Gelegenheiten, in denen sich Gespräche auf ganz natürliche Weise, durch Zufall entwickeln. Sei es auf der Arbeit, durch den Freund eines Freundes, in Situationen, bei denen sich Menschen treffen, die sich bereits irgendwoher kennen. Mir geht es bei diesem Punkt hauptsächlich darum, dass Sie einen *fremden* Mann in der Öffentlichkeit nicht ansprechen sollten. Gerade am Wochenende, in Bars und Clubs wird überall das „Jäger und Gejagte"-Spiel von den Menschen praktiziert. Wenn Sie selbst nicht nur auf Sex aus sind, schlüpfen Sie nicht in die Rolle des Jägers! Das ist und bleibt der Job der Männer.

Die beste Methode angesprochen zu werden

Allerdings gibt es eine Taktik, die diese Jahrtausende alte Regel elegant umschifft – ohne, dass es jemandem auffallen würde und die Ihre Chancen erheblich erhöht, angesprochen zu werden:

Nehmen wir an, Sie befinden sich in einer Bar oder einem Club und Sie entdecken einen Mann, der Ihnen gefällt. Sie warten vergeblich, dass er sich endlich zu Ihnen herüber traut und Sie anspricht. Auch Ihre Signale ihm gegenüber, Ihr Lächeln usw. fruchten einfach nicht.

Nun kann es sein, dass er ganz einfach zu schüchtern ist. Oder er hat Sie schlichtweg noch nicht bemerkt, weil er zu sehr in ein Gespräch vertieft ist, was auch immer.

Sie wollen aber unbedingt diesen *einen* Mann kennenlernen.

Gut.

Gehen Sie an ihm vorbei und sprechen Sie ihn auf einer völlig neutralen, aber dennoch freundlichen Art und Weise an - fragen Sie ihn nach dem Weg zum Platz XY, nach der Uhrzeit, nach dem nächsten Zigarettenautomaten, irgendetwas, das keinerlei Anschein erweckt, Interesse an ihm persönlich zu haben. Wie zufällig schauen Sie ihn dabei ein wenig länger als notwendig an. Und *lächeln* dabei. Dann sagen Sie - ebenso zufällig- etwas wie: „Woher kennen Sie eigentlich (Name des Gastgebers)?" oder „Es ist so laut hier, ich kann kaum hören, was ich denke!"

Im Prinzip ist es völlig egal, was Sie sagen, es sollte nur kein *offensichtliches Interesse* signalisieren. Er soll Sie lediglich bemerken und es soll ihm die Angst genommen werden, mit Ihnen ins Gespräch zu kommen. Dann berühren Sie - ganz zufällig- seine Hand oder seinen Arm. Nicht länger als eine Sekunde.

Danach machen Sie auf dem Absatz kehrt und entschwinden federleicht. Beim Weglaufen drehen Sie sich noch einmal ganz dezent um. Schenken Sie ihm noch einen einzigen Blick und verschwinden Sie aus seinem Blickfeld. Wichtig ist, dass Sie das Gespräch vorerst *beenden*, und erst einmal das Weite suchen. Auch wenn Sie gerade beginnen, sich nett zu unterhalten. Sollte er fragen „Wo willst Du denn jetzt hin, wir unterhalten uns doch gerade so nett?", sagen Sie „Vielleicht komme ich ja wieder, wer weiß …"

So, und nun lassen Sie sich Zeit. Mindestens 15 oder 20 Minuten.

So hat er genug Zeit, um nach Ihnen Ausschau zu halten und vor allem das soeben Geschehene zu „verarbeiten". Denken Sie daran - Männer sind zuweilen etwas langsam und begriffsstutzig. Außerdem erzeugen Sie von Anfang an ein wenig Spannung. Denn er wird sich fragen, wo die nette Dame wohl hingegangen sein mag. Es sollte nicht mehr als eine Viertelstunde vergehen und Sie begeben sich wieder in die Nähe von ihm, sodass erneut Blickkontakt entstehen kann.

Jetzt haben Sie sich bei ihm eingeprägt als eine Frau, die zufällig seinen Weg gekreuzt hat und die jetzt wieder zufällig aufgetaucht ist. Ihr Lächeln und Ihre Blicke - sofern Sie einfach nur *freundlich* sind - wird er nicht als eine „Anmache" interpretieren, sondern er wird Sie einfach nur sympathisch finden.

Er wird auch nicht denken, Sie würden ihm hinterherlaufen - dafür sind Sie ja eben für mindestens zehn Minuten verschwunden.

Jetzt haben Sie die Chance immens erhöht, dass *er* Sie jetzt wieder ansprechen wird - haben Sie beide doch schon die erste „Hürde" des miteinander Redens gemeistert. Er weiß jetzt, dass Sie ein freundliches Wesen sind, das ihm nichts tun wird. Und die leichte Berührung an seiner Hand (die ja ganz zufällig geschah) hat auch schon das erste „Kribbeln" bei ihm bewirkt.

Kurze und dezente körperliche Berührungen empfinden die meisten Menschen als etwas sehr Angenehmes, sie lösen unbewusst ein „vertrautes Gefühl" für den aus, von dem die Berührung stammt - solange es mit einer sympathischen Geste wie einem Lächeln verbunden ist. Und es dezent und nicht aufdringlich geschieht.

So, und nachdem er sie nun als ein sympathisches Wesen wahrgenommen hat, kann *er* Sie jetzt ansprechen. Ganz so, wie Mutter Natur das vorhergesehen hat.

Vielleicht werden Sie denken, ich würde hier die gängigen Klischees bedienen wollen und irgendwelche Szenen abgedroschener Liebesfilme nachstellen. Aber es geht mir darum, Ihnen eine wichtige Sache klarzumachen:

Ein Mann will *erobern* und sich nicht *erobern lassen*. Will heißen: Vermitteln Sie einem Mann gerade in den ersten Momenten des Kennenlernens das Gefühl, *er* wäre derjenige, der *Sie* umwirbt, und nicht umgekehrt.

  Denn im Endeffekt sind Sie es, die ihn begutachten und sein „Balzritual" in aller Ruhe auf sich wirken lassen. Und ihm daraufhin die Erlaubnis zu erteilen, sich weiter qualifizieren zu dürfen, oder eben nicht.

Denken Sie immer daran: Die Natur hat vorgesehen, dass *Sie* diejenige sind, die entscheidet, ob sich ein Mann für Sie qualifiziert oder nicht. Er muss unter Beweis stellen, dass er „der Richtige" ist. Ein Mann ist zu einer solchen Entscheidung gar nicht in der Lage - für ihn wäre es schließlich nicht weiter tragisch, wenn er Sie am nächsten Morgen wieder verlässt und sich nie wieder meldet.

Beim ersten Kontakt zu einem Mann ist vor allem eines unendlich wichtig:

Sie dürfen nicht den Eindruck erwecken, als wären Sie „auf der Suche".

Frauen, die auf der Suche sind, wirken auf Männer wie Opfer, über die sie sich nur noch hermachen müssen. Und so verhalten sich dann auch viele Männer. Sie werden versuchen, Sie möglichst noch am gleichen Abend ins Bett zu bekommen, und damit wären dann die Chancen auf eine langfristige Beziehung rapide in den Keller gesunken. Wenn Sie einem Mann das Gefühl vermitteln, Sie bräuchten dringend seine Aufmerksamkeit, dann werden Sie im besten Fall seine sexuelle Gier ankurbeln. Im schlimmsten Fall sind Sie einfach nur uninteressant.

Sollte er wider Erwarten weder auf Ihr Lächeln, noch Ihr „indirektes Ansprechen" positiv reagieren, dann vergessen Sie ihn einfach ganz schnell wieder. Er ist entweder zu dumm, zu erkennen, was hier vor sich geht, oder er hat kein Interesse an Ihnen. In beiden Fällen sollten Sie Ihre Zeit nicht weiter verschwenden und die Sache vergessen. Es gibt noch genügend andere Männer, die ihr Herz an Sie verlieren werden.

Die drei Kategorien, in die wir Frauen insgeheim einteilen

Nach der ersten Begegnung und spätestens während der ersten Verabredung entscheidet sich sehr schnell, in welche „Kategorie Frau" er Sie insgeheim steckt. Das ist übrigens typisch an der männlichen Spezies: Alles ist logisch aufgebaut, alles folgt bestimmten Systemen. Wir lieben Systeme über alles, weil Sie uns Sicherheit bieten.

Von Frauen einmal abgesehen, an denen wir überhaupt kein Interesse verspüren - weder körperlich noch geistig- gibt es drei dieser „Kategorien", in die wir die Frauenwelt einteilen.

Erstens:

Die platonische Freundin

Sie ist eine gute Gesprächspartnerin, sie ist eine offene und kommunikative Frau, mit der wir uns immer gerne auf einen Kaffee verabreden. Einfach nur, um uns mit ihr zu unterhalten. Gerne schütten wir ihr auch unser Herz aus, was eventuelle Beziehungsprobleme angeht. Bei unseren männlichen Freunden können wir meistens nicht mit jenem weiblichen Einfühlungsvermögen rechnen, das wir dringend brauchen, wenn es um Herzensangelegenheiten geht. Die platonische Freundin ist eine geschätzte Gesprächspartnerin, sie kann den Status einer längeren und tiefen Freundschaft erreichen. Sie hat einen echten Wert für uns, da sie oft unsere „Therapeutin" spielt, sie ist vielleicht sogar eine Art „Mutterersatz". Nur bei Ihr können wir von Gefühlen sprechen -soweit wir dazu in der Lage sind -, sie wird uns nicht als Schwächling oder dergleichen abwerten. Denken Sie daran, einer Frau gegenüber, für die wir ernsthafte Emotionen hegen, tun wir uns unendlich viel schwerer, etwas aus unserer Gefühlswelt preiszugeben.

Für die platonische Freundin empfinden wir aber kein weiteres Interesse - weder körperliche noch die Art von geistiger Anziehung, die unser Herz höher schlagen lässt. Sie ist für uns ein weiblicher Freund. Sie ist ein Seelentröster, der immer ein offenes Ohr für uns hat. Es kann eine wahre Wohltat für unsere überkochende Gefühlswelt sein, wenn wir einer Frau unser geschundenes Herz ausschütten können. Meistens wegen unserer derzeitigen Freundin, wegen Liebeskummer (den auch wir haben, auch wenn Sie davon vielleicht selten etwas mitbekommen) oder sonstigen Problemen, die wir mit anderen Frauen haben - mit denen wir persönlich nur ungerne über unsere Gefühle und dergleichen reden.

Die platonische Freundin entspricht im Prinzip unserer Idealvorstellung einer Beziehung, allerdings fehlt ihr ein entscheidender Faktor:

Sie bewirkt keine Anziehung in uns.

Das liegt nicht unbedingt an mangelnder körperlicher Attraktivität, weibliche Freunde können auch durchaus gut aussehen - aber es springt einfach nicht „der Funke über". Die platonische Freundin wird Ihren Status im Normalfall für immer behalten. Sie wird nur in den seltensten Fällen in eine höhere Kategorie aufsteigen. Allerdings kann es in einem hormonellen Anfall von Unvernunft passieren, dass wir mit der platonischen Freundin im Bett landen. Das aber wird unter Garantie die Freundschaft zerstören. Vielleicht wird dann eine Beziehung daraus, aber oft wünscht man sich, doch besser niemals körperlich etwas miteinander angefangen zu haben.

Zweitens:

Das Sex-Objekt

Diese Art von Frau löst bei uns vor allem eins aus:

Körperliche Anziehung.

Wir fühlen uns körperlich zu ihr hingezogen und werden nun alles Erdenkliche unternehmen, sie möglichst schnell ins Bett zu bekommen. An längeren, tiefsinnigen Gesprächen, einem emotionalen Austausch oder gar einer festen Beziehung haben wir kein wirkliches Interesse, wir heucheln ihr dieses Interesse höchstens vor. Die Gewieften der männlichen Spezies verfügen über ein ganzes Arsenal an Taktiken, um eine Frau möglichst schnell willenlos zu machen. Es gibt Seminare, Bücher und Kurse, die Männern genau das beibringen: Wie bekomme ich eine Frau möglichst schnell ins Bett? Das ist leider die hässliche Wahrheit:

Es gibt Männer, für die es ein regelrechter Sport ist, möglichst viele Frauen herumzubekommen - ohne auch nur eine einzige Emotion dabei zu verschwenden.

Der entscheidende Punkt dabei ist: Ein Mann tritt unter der Voraussetzung, dass er eine Frau lediglich ins Bett bekommen will, oft sehr selbstbewusst auf. Er wird sie davon überzeugen, dass sie mit ihm eine Menge Spaß haben wird. Er ist humorvoll, wirkt sehr aufgeschlossen, männlich und erfolgreich. Sein Verhalten wirkt fatalerweise sehr attraktiv auf eine Frau, denn er bewirkt bei ihr mit seiner vermeintlichen „Stärke" und seinem selbstbewussten Auftreten, dass sie sich auf geheimnisvolle Art zu ihm hingezogen fühlt. Frauen suchen instinktiv nach einem Beschützer, einem Versorger - diese Sorte Mann erfüllt allem Anschein nach genau diese „Ur"-Bedürfnisse.

Allerdings werden Frauen von Männern mit diesen „niederen Absichten" regelmäßig enttäuscht, denn meistens erhoffen sie sich mehr, als nur die Objekte körperlicher Begierde zu sein.

Um von Anfang an zu verhindern, dass ein Mann Sie in diese

Kategorie steckt, sollten Sie vor allem eines nicht:

Sie sollten nicht mit einem Mann schlafen, den Sie noch nicht ernsthaft kennengelernt haben.

Diese Regel ist so wichtig, weil Sie aus dieser Schublade des „Sex-Objekts" nie mehr wirklich herauskommen. Viele Frauen meinen, Männer mit Ihren sexuellen Künsten verführen und an sich binden zu können.

Falsch!

Den Punkt, den viele Frauen nicht verstehen (weil es für Frauen einfach keinen Sinn ergibt), ist der, dass ein Mann sich zu einer Frau *emotional* hingezogen fühlen muss, erst dann kommt in ihm jener Bindungswunsch auf, der die Voraussetzung für eine lange und ernsthafte Beziehung ist. Durch vorschnellen Sex verbauen Sie sich aber die Chance, dass dieser Bindungswunsch in ihm entsteht.

In Frauen entstehen meist durch Sex auch Emotionen - in Männern entstehen durch Sex *keine* Emotionen, sondern erst einmal nur eins:

Der Wunsch nach mehr Sex. Und zwar ohne jede Verpflichtung.

Sobald sich aber nur ein Hauch von Verpflichtung (in Form von Gefühlen von Ihnen) am Horizont ankündigt, verschwindet ein Mann meist genau so schnell wieder aus Ihrem Leben, wie er aufgetaucht ist.

Drittens:

Die Beziehungs-Kandidatin

Bei der „Kandidatin" handelt es sich um eine Frau, bei der wir sehr schnell spüren, dass es sich bei ihr um etwas Besonderes handelt. Keine Frau also für das schnelle Vergnügen ohne jede Verpflichtung, auch kein zukünftiger „Kumpel", sondern eine Frau, die das „gewisse Etwas" hat. Ihr gegenüber wird unser Verhalten eine ganz andere Qualität annehmen, wir werden uns wie ein wahrer Gentleman präsentieren.

Wenn Sie von einem Mann zur „Kandidatin" gekürt werden, werden Sie glauben, sie werden auf Wolken getragen. Gleichzeitig sind wir aber auch meistens sehr verunsichert, da wir spüren: Diese Frau hat das Potenzial, mir das Herz zu brechen.

Vermutlich waren Sie auch schon mindestens einmal in Ihrem Leben eine „Kandidatin" und wurden entsprechend liebevoll und zuvorkommend von Ihrem Verehrer behandelt. Sie werden sich vielleicht auch gewundert haben, warum er manchmal so einen verrückten Eindruck gemacht hat, er war so unsicher und unbeholfen. Aber dennoch irgendwie süß, ganz anders als die Männer, die von Anfang an nur das Eine im Schilde führten.

Die Kandidatin bewirkt in uns beides: charakterliche und körperliche Anziehung. Allerdings überwiegt auf Dauer die charakterliche Anziehung, sie hat einfach dieses „gewisse Etwas", das uns regelrecht dahin schmelzen lässt. Das führt dazu, in ihr die „Traumfrau" zu sehen, für die wir dann versuchen, die sprichwörtlichen Sterne vom Himmel zu holen.

Das Ziel lautet also:

**Wie werden Sie zu einer „Kandidatin",
und zwar für einen Mann, den Sie wollen,
den Sie für den Richtigen halten?**

Phase Eins: Das erste Gespräch

Der erste Eindruck, den wir bei einem Menschen hinterlassen, ist der Entscheidende. Die Erinnerung daran lässt sich *nie* mehr ändern und was das Wichtigste ist: Das *Gefühl*, das wir dabei haben, wenn ein Mensch zum ersten Mal vor uns steht und dann in unser Leben tritt, ist von enormer Wichtigkeit! Es entscheidet darüber, ob man sich wiedersieht, ob man zusammen im Bett landet, vielleicht Jahre später heiratet, oder sich innerhalb der nächsten Minuten voneinander verabschiedet.

An das Gesagte, den Inhalt des ersten Gesprächs, erinnert man sich meistens nicht mehr wirklich, die ersten Sätze, die man austauscht, sind sowieso meist belanglos und dienen nur dem Small Talk. Männer sind froh, wenn das Eis überhaupt erst einmal gebrochen ist und sie nicht mit einer abfälligen Bemerkung abserviert werden.

„Woher kommst Du? Bist du öfters hier? Was trinkst du da eigentlich?" – Das sind all die im Grunde banalen Dinge, die man sagt, wenn man sich zum ersten Mal „beschnuppert".

Worauf es ankommt, ist die richtigen - vor allem nonverbalen - Signale zu senden und ihm das Gefühl zu geben, dass Sie Interesse an ihm haben. Denken Sie daran, ein Mann wird in den ersten Momenten einer Unterhaltung alles daran setzen, Ihnen gefallen zu wollen. Er wird versuchen, Sie zu beeindrucken. Er wird sie zum Lachen bringen wollen, wird versuchen, möglichst männlich und „cool" zu wirken. Je nachdem, wie groß sein Erfahrungsschatz im Umgang mit Frauen ist, wird er das mehr oder weniger geschickt hinbekommen. Machen Sie sich eines klar: Je mehr er von Ihnen angetan ist, umso unsicherer ist er auch, umso unbeholfener können seine Versuche sein, bei Ihnen zu „landen".

Wenn er Ihnen sympathisch erscheint und Sie Interesse für ihn empfinden, dann machen Sie vor allem eines: Geben Sie ihm zu verstehen, dass Sie ihn mögen. Senden Sie die nötigen Signale aus, die ihn ermuntern, um sein Eroberungs-Ritual weiter vorzuführen.

Er möchte vor allem eines: Ihnen gefallen. Für ihn steht sehr viel auf dem Spiel, sein Ego, sein Stolz, seine Würde. Den größten Gefallen, den Sie einem Mann bei der ersten Unterhaltung tun können, ist, wenn Sie Ihr Interesse an ihm signalisieren. Es spielt auch keine Rolle, wie selbstbewusst, gut aussehend und erfolgreich ein Mann ist, Männer sind in dieser Hinsicht alle gleich. Auch wenn er es gewohnt ist, bei Frauen grundsätzlich gut anzukommen, geht es ihm darum, dass *Sie* ihn mögen.

Wenn eine Frau nur ein, zwei kurz gefasste Antworten auf seine Sprüche gibt, die er in höchster Anspannung innerlich schon seit Minuten vorformuliert hat, oder nur abwartend die Stirn runzelt, weiß er, dass es ein schwieriges Unterfangen wird. Er kann nun tapfer weitermachen, oder wird sich beleidigt umdrehen und gehen. Sein zerbrechliches Ego kann es sich einfach nicht leisten, vor Ihnen zu versagen. Wir Männer wissen, dass wir nach unseren Sprüchen beurteilt werden und weniger nach unserem Aussehen. Diese ersten Sprüche zeugen meistens nicht gerade von Einstein'scher Intelligenz und sind auch meistens kein Erguss lyrischer Romantik. Aber wir haben in unserer Nervosität wirklich alles gegeben. Von daher ist es extrem wichtig, dass Sie einen Mann *ermuntern*, weiterzumachen.

Auch wenn er am Anfang ein wenig unsicher erscheint, geben Sie ihm eine Chance! Lachen Sie über seine Witze. Beantworten Sie seine Fragen mit Interesse und stellen Sie ihm auch Fragen. Erwidern Sie seine Komplimente. Benutzen Sie vor allem Ihre Körpersprache: Schauen Sie ihn an, *lächeln* Sie, wenden Sie sich ihm zu. Werfen Sie ihr Haar zurück und schauen Sie ihn kokett, aber offenherzig an. Bewahren Sie dabei aber immer eine gewisse Distanz - er soll nicht denken, Sie wären „einfach zu haben".

Das Gefühl, das Sie einem Mann in den ersten Momenten geben sollten, ist das: Er muss glauben, er würde Ihnen gefallen. Er muss spüren, dass er eine Chance bei Ihnen hat - und sei sie auch noch so klein. Erst dann entspannt er sich allmählich und zeigt langsam seine wirkliche Natur.

Das, was Sie in den ersten Minuten zu sehen bekommen, ist nur die verfälschte, unter Hochdruck stehende Version von ihm. Er steht vor der Aufgabe, Ihnen binnen ein paar Momenten gefallen zu müssen, sonst ist der Abend für ihn gelaufen. Eine Abfuhr zu bekommen, nachdem man allen Mut zusammen genommen hat und eine Frau angesprochen hat, liegt noch am nächsten Morgen schwer im Magen.

Von daher:

Zeigen Sie ihm, dass er weitermachen soll - erst dann sollten Sie entscheiden, ob Sie sich auf ihn einlassen oder nicht.

Männer brauchen diese erste Bestätigung unbedingt. Wenn Sie ihm dieses „Ich finde Dich nett, mach' weiter"-Signal schicken, wird er garantiert den ganzen Abend bei Ihnen bleiben.

Ein Beispiel:

Als ein guter Freund von mir, Frank, seine jetzige Ehefrau Nina (die er immer noch heiß und innig liebt) zum ersten Mal traf, konnte er an ihrem Verhalten leicht ablesen, dass sie Interesse an ihm hatte. Es war auf einer Party, als er sich ein Herz fasste und sie mit den Worten ansprach: "Du bist wirklich das hübscheste Mädchen des ganzen Abends". Sie hatte ihm den ganzen Abend über immer wieder von Weitem in die Augen geschaut und ihm ein verstohlenes Zwinkern hinübergeschickt.

Ich weiß von ihm, dass er sich diesen eher unspektakulären Spruch vorher genau zurechtgelegt hatte. „Oh, danke! Das liegt daran, dass ich gerade im Urlaub in Ägypten war", erwiderte Nina mit einem Lächeln. Daraus entwickelte sich dann schon das erste Gesprächsthema. „Du siehst aber auch ganz gut aus", sagte Nina ganz nebenbei und von da an wusste Frank, dass sich diese Frau für ihn interessierte. Sie lachte über seine Witze und gab ihm das Gefühl, sich einfach wohl bei ihm zu fühlen. Als sich eine Freundin von ihr zu den Beiden gesellte, stellte Nina sie kurz vor und sagte mit einer unauffälligen Handbewegung zu ihr: „Kannst Du uns etwas alleine lassen?"

Sie unterhielten sich den ganzen Abend über prächtig und verabredeten sich schon ein paar Tage später zum Abendessen. Das war der Anfang einer innigen und von Vertrauen geprägten Beziehung.

Das erste Gespräch sollte in einem Mann das Gefühl von Harmonie auslösen - genau das erhofft er sich nämlich von einer späteren Beziehung. Wenn er sich von Anfang an wohl bei Ihnen fühlt, stellen sich in seinem Unterbewusstsein schon die ersten Weichen in Richtung Beziehung. Wohl fühlt sich ein Mann dadurch, dass Sie ihm zuhören und sich dafür interessieren, wer er ist und was er zu sagen hat. Es hört sich einfach an, aber viele Frauen machen schon in den ersten Momenten einiges „kaputt", indem sie übertrieben arrogant wirken und die „Unnahbare" spielen.

Männer sind recht simpel gestrickt, sie möchten am Anfang nur eines: Sie wollen Ihnen gefallen und fühlen sich dadurch wohl bei Ihnen.

Wenn sich herausstellen sollte, dass der Mann innerhalb des ersten Gesprächs keinen Funken Neugier oder Sympathie bei Ihnen hervorruft, tun Sie ihm dennoch den Gefallen und bleiben Sie höflich. Sehen Sie es als Kompliment, dass er Sie überhaupt angesprochen hat - es hat ihn eine Menge Überwindung gekostet.

Die gemeinen Bemerkungen oder die Ohrfeige heben Sie sich besser für die wirklich geschmacklosen Männer ohne Manieren auf. Ein Mann, der Sie nett anspricht, sollte höflich und mit Respekt behandelt werden, er wird es Ihnen danken. Wer weiß, vielleicht hat er ja einen Freund dabei, der Ihnen mehr zusagt - der hätte dann zumindest keine Angst vor Ihnen!

Ein harmloses „Du bist wirklich nett, aber ich bin mit jemandem verabredet, tut mir leid" ist freundlich genug, um keinen bleibenden Schaden bei ihm anzurichten.

Was sind seine Absichten?

Die Absichten, die ein Mann bei einer ersten Begegnung hat, sind ziemlich eindeutig: Er will sich selbst beweisen, dass er es schafft, eine Frau für sich „zu gewinnen". Er will, dass Sie ihn anziehend finden und damit sein Ego bestätigen. Was er weiterhin mit Ihnen beabsichtigt, darüber macht er sich im Normalfall erst einmal keine Gedanken. „Irgendwas wird sich dann schon ergeben", denkt er sich. Natürlich würde er Sie gerne ins Bett bekommen, wenn es sich ergibt, er ist schließlich ein Mann. In seinem Blut köchelt unaufhörlich das Testosteron vor sich hin. Sie erinnern sich, was passierte, als man Frauen dieses Hormon gab?

Aber sein primäres Ziel ist es, zu schauen, wie er bei Ihnen ankommt. Er braucht diese Ego-Massage so dringend, weil er sich durch sie lebendig fühlt. Das ist auch der Grund, warum selbst Männer, die verheiratet sind, mit Frauen flirten. Sie beabsichtigen damit gar nicht unbedingt einen vorsätzlichen Seitensprung. Nein, Sie *brauchen* diese Bestätigung ganz einfach. Das klingt in Ihren Ohren vielleicht armselig, aber Männer sind so.

Der entscheidende Punkt ist der: Nachdem er Sie angesprochen hat, haben Sie ihn und alles, was sich potenziell daraus entwickelt, in der Hand. Sie als Frau haben eine enorme Macht über die Männer - wenn Sie es richtig anstellen. Es liegt ab jetzt an Ihnen, wie sich die Dinge entwickeln.

Wenn Sie also den ersten wichtigen Schritt getan haben und seinem Ego die Bestätigung gegeben haben, nach dem er so hungert, können Sie alles Weitere steuern. Füttern Sie ihn mit Ihrem Interesse und Ihrer Zuneigung, schenken Sie ihm das, was sein Ego so dringend benötigt. Hören Sie ihm zu, fragen Sie ihn nach seinem Beruf, *interessieren* Sie sich für ihn, ganz offen und ungekünstelt - und er wird Ihnen zu Füßen liegen. Männer lieben es, von sich selbst zu erzählen und sie lieben es noch mehr, wenn eine Frau ihm dabei aufmerksam und interessiert zuhört.

Sicher haben Sie schon des Öfteren erlebt, wie ein Mann gerade in der Anfangsphase eine Frau wie ein echter Gentleman behandelt. Er ist wirklich zauberhaft, so aufmerksam und liebenswert. Irgendwann aber, eines schönen Tages dreht der Wind urplötzlich und er meldet sich nicht mehr, hat keine Zeit mehr für Sie, verliert langsam und schleichend das Interesse an Ihnen. Meistens dann, wenn Sie gerade beginnen, ernsthafte Gefühle für ihn zu entwickeln. Das Leben kann wirklich grausam sein, nicht?

Aber keine Sorge, ich werde Ihnen Schritt für Schritt zeigen, wie Sie dieses langsame Entschwinden seiner Zuneigung verhindern. Noch ein wenig Geduld bitte.

Wissen Sie, warum Männer gerade am Anfang so unendlich nett sind? Weil Sie das dringend notwendige Futter für ihr Ego von Ihnen bekommen. Es gibt nichts Schöneres, nichts Erfüllenderes für einen Mann, als zu spüren, dass eine noch nahezu fremde Frau ihn anziehend findet. Er fühlt sich dadurch, als hätte man ihm ein Lebenselixier verabreicht: jung und dynamisch. Er fühlt sich, als könnte er Bäume ausreißen und das hat er Ihnen zu verdanken!

Gleichzeitig sind Sie sich aber im Normalfall noch unsicher, wie Sie mit ihm weiter verfahren sollen. Noch offenbaren Sie vermutlich nichts von Ihren Gefühlen oder Absichten. Und solange das so ist, empfindet er Sie als eine Herausforderung. Er ist sich Ihrer noch nicht *sicher*, spürt aber, dass Sie ein grundsätzliches Interesse an ihm haben. Und *deshalb* sind Männer am Anfang so zuvorkommend und nett.

Dadurch ergibt sich aber für Sie eine perfekte Ausgangslage: Gerade am Anfang haben Sie die Macht, in ihm einen Jungbrunnen zu entfachen - indem Sie ihm zu verstehen geben, dass Sie ihn mögen und Interesse an ihm haben. Mehr braucht es am Anfang nicht. Dadurch haben Sie ihn sprichwörtlich „in der Hand".

Wirklich einfach, oder?

Die alles entscheidende Frage ist nun, wie Sie ihn weiterhin „in der Hand behalten", und sich das Blatt nicht nach Wochen, Monaten oder sogar schon am nächsten Morgen wieder zu Ihren Ungunsten wendet.

Es ist gar nicht so schwer, wie Sie vielleicht glauben.

Wichtig ist erst einmal nur, dass Sie in „Phase Eins" die Basis für die Art von Anziehung schaffen, die in einem Mann bewirkt, dass er Sie als eine „Beziehungs-Kandidatin" wahrnimmt. Und eben nicht als das leichte Mädchen, mit dem er unverbindlichen Spaß haben kann.

„Beziehungs-Kandidatinnen" sind die Art von Frauen, die einem Mann zu verstehen geben, dass Sie ihn wirklich anziehend und-interessant finden, aber ihn erst einmal näher kennenlernen möchten.

Erste Warnung: „Die Chemie stimmt"

Sie kennen das sicher: Sie verstehen sich schon während der ersten Begegnung so gut mit ihm, dass Sie glauben, sich schon lange nicht mehr so blendend mit jemandem unterhalten zu haben. Die „Chemie" zwischen Ihnen stimmt einfach. Alles deutet darauf hin, dass sich zwischen Ihnen etwas „Ernstes" entwickeln könnte.

Na dann, herzlichen Glückwunsch!

Allerdings muss ich Ihre Euphorie an dieser Stelle erst einmal mit einer Vollbremsung zum Stehen bringen.

Dazu eine Geschichte von einer guten Freundin von mir, wie Sie sich so oder zumindest ähnlich jeden Tag überall auf der Welt abspielen könnte:

Maria lernte ihn auf einer Party kennen. Fröhlich grinsend sprach er sie mit zwei Cocktails in der Hand an: "Hey, du siehst aus, als könntest Du was zu trinken vertragen!" Sie verstand sich wirklich gut mit ihm, er machte ihr die Art von Komplimenten, die sie so gerne hörte. Er war charmant, er hatte Niveau und Humor. Und er sah einfach blendend aus. Seine großen, braunen Augen und sein durchtrainierter Körper wirkten wie ein Magnet auf sie. Ein echter Volltreffer eben.
  Er verstand es vor allem, die nötigen „Knöpfe" bei ihr zu drücken, um sie schwach zu machen - und wirkte dabei so natürlich und menschlich. Sie waren beide begeisterte Snowboard-Fahrer und entdeckten auch eine Menge anderer gemeinsamer Interessen. Sie amüsierten sich den ganzen Abend über prächtig.

Als er Sie zu Ihrem Auto begleitete - der Morgen war schon ange-
brochen und die ersten Sonnenstrahlen beleuchteten zartrosa sein
markantes Gesicht - passierte es: Sie küssten sich. Es fühlte sich so
richtig, so passend an. Der gelungene Abschluss eines wunderba-
ren Abends. Aus den anfänglichen Küssen, die immer inniger und
leidenschaftlicher wurden, wurde dann mehr. Es geschah in ihrem
Auto - die Hitze Ihrer Gefühle und der Rotwein, von dem sie vielleicht ein Glas zu viel getrunken hatte, ließen sie alle Hemmungen
vergessen. Nachdem sie aus ihrer hormonellen Betäubung wieder erwachte und sie die beschlagenen Fensterscheiben trocken
gewischt hatte, fuhr er sie - ganz der Gentleman - noch vor ihre
Haustüre und rief sich ein Taxi.

Während der Autofahrt erzählte sie ihm noch, dass sie „so etwas
normalerweise nicht machen würde - schon in der ersten Nacht
mit einem Mann schlafen". Aber das müsste er ja spüren, dass sie
nicht zur Sorte der „leichten Mädchen" gehörte. Sie verstanden sich
einfach zu gut, als dass sie ihn hätte warten oder „hinhalten" müssen. Er musste diese „Chemie" zwischen ihnen ja auch fühlen.
  „Sehen wir uns wieder?" fragte sie ihn, noch ganz benommen von
dem, was gerade - entgegen all ihrer Vernunft - passiert war.
„Sicher, ich ruf Dich an", erwiderte er knapp und saß auch schon
im Taxi.

Er meldete sich nicht. Nicht am nächsten Tag, nicht die nächste
Woche. Es vergingen zwei endlose Wochen, in denen sie sich den
Kopf zerbrach, warum er sich nicht meldete. Als sie die Geschichte
schon fast wieder vergessen hatte, klingelte ihr Telefon. ER war am
Ende der Leitung und fragte sie ganz unverblümt, ob sie nicht heu-
te Nacht zu ihm kommen wolle. „Ich habe Rotwein und Massageöl

da, wir könnten es uns gemütlich machen". Er machte sich noch nicht einmal die Mühe, eine Erklärung für die schier endlosen zwei Wochen zu geben, in denen er sich nicht gemeldet hatte.

Sie rief mich an und erzählte mir davon. Es war ziemlich eindeutig: Er sah sie als eine Gelegenheit, unverbindlichen Sex zu bekommen, wann immer es ihm danach gelüstete. Sie befand sich nun in einer Sackgasse. Wenn sie ihm jetzt zu verstehen gab, dass sie nur an etwas Ernstem mit ihm interessiert war, stand sie als die typische „Ich will dich fest und ernsthaft haben und auch bald heiraten"-Frau da. Das würde ihn abschrecken. So war sie aber gar nicht. Klar, sie mochte ihn, sie konnte sich auch durchaus mehr mit ihm vorstellen, aber das wusste sie ja jetzt noch nicht.

Wenn sie auf seine Einladung einging und zu ihm fuhr, könnte sie mit Sicherheit eine prickelnde Nacht verbringen, aber er könnte das vielleicht falsch interpretieren.

Entgegen meinem Ratschlag, auf keinen Fall zu ihm zu fahren, tat sie es doch. Die beiden hatten noch mehrere solcher erotischer Nächte, aber als sie begann, mehr für ihn zu empfinden und sich entsprechend öfter bei ihm zu melden, suchte er recht schnell das Weite.

„Ich war mir sicher, dass diesmal alles anders ist. Wir haben uns am ersten Abend so gut verstanden, er hätte doch auch merken müssen, dass es zwischen uns diese ‚Verbindung' gibt. Wie kann man denn so gefühlskalt sein? Ihr Männer seid solche Egoisten, zum Kotzen ist das!" erzählte sie mir, nachdem sie ihn endgültig abgeschrieben hatte.

Sie war tief verletzt und ich konnte das sehr gut verstehen.

Geduld ist eine Tugend - und die Lösung

In dieser kleinen Geschichte verbergen sich gleich mehrere „Fehler", die die gute Maria gemacht hat:

- Männer empfinden die „Chemie" nicht im gleichen Ausmaß wie Frauen. Es dauert einfach länger, bis sich bei einem Mann die gleichen Gefühle regen. Am Anfang fühlt sich das Ego eines Mannes bestätigt, er fühlt sich großartig - das ist die Grundlage für alles Weitere, aber es ist noch nicht gleichzusetzen mit echten Gefühlen. Männliche Gefühle entwickeln sich nicht innerhalb von ein paar Stunden, es dauert unter Umständen Monate, bis sich das einstellt, was mit weiblichen Gefühlen auch nur ansatzweise vergleichbar wäre.

- Wenn Sie mit einem Mann direkt nach dem ersten Treffen schlafen, signalisieren Sie ihm, dass Sie das generell auch mit anderen Männern so machen. Die Aussage „Ich mache das sonst nie" glauben wir Ihnen nicht. Vielleicht denken Sie, Sie würden einem Mann damit Ihre besondere Zuneigung beweisen, aber das kommt nicht so bei uns an. In unserer Erinnerung sind Sie _für immer_ diejenige, die wir gleich am ersten Abend ins Bett bekommen haben.

- Ein Mann rechnet im Normalfall nicht damit, Sie so schnell „herumzukriegen". Wenn er es doch schafft, schiebt er das nicht unbedingt auf seine eigene, unwiderstehliche Natur, sondern _unbewusst_ eher auf Ihren Mangel an emotionaler Kontrolle über sich selbst. Sie machen sich dadurch uninteressant - nicht nur, weil Sie „leichte Beute" für ihn sind. Im Unterbewusstsein eines

Mannes wirken Sie dadurch wie eine Frau, die sich selbst und ihre körperlichen Bedürfnisse nicht im Griff hat. Und das wäre eine ernsthafte Bedrohung, wenn sie später die Mutter seiner Kinder sein sollten. Und nichts anderes bedeutet ja - unbewusst - eine feste Bindung für ihn unter dem Strich.

- Nachdem ein Mann Sie so schnell und „einfach" ins Bett bekommen hat, wird er die Chance auf weitere unverbindlich hemmungslose Nächte mit Ihnen wittern. Allerdings ist die Chance, dass sich daraus etwas Ernsthaftes und Vertrauensvolles entwickelt, äußerst gering.
  Wenn er Sie nach dem ersten, übereilten Bettgeflüster wieder kontaktiert und „eindeutig-zweideutige" Bemerkungen von sich gibt, ist die Sache klar: Er sieht Sie als eine Frau, mit der er unverbindlichen, lockeren Sex haben kann. Solange Sie da mitmachen, werden keine Komplikationen auftreten. Sollten Sie aber Gefühle oder ernsthafte Absichten demonstrieren, ist er ganz schnell über alle Berge verschwunden.

Was schließen wir nun daraus?

Männer sind grundsätzlich auf der Suche nach Sex. Wenn sich die Chance ergibt, schlagen sie auch recht schnell und gedankenlos zu. Wenn sich die Chance auf Wiederholung für schnellen und unkomplizierten Sex ergibt, sind wir jederzeit freudig dabei.

Allerdings sind Männer über diesen rudimentären Trieb hinaus auch auf der Suche nach der „richtigen" Frau. Tief unten in einer kleinen, dunklen Kammer unserer Seele schlummert der ernsthafte Wunsch, eines Tages der „richtigen" Frau zu begegnen.

Diese „Richtige" wird die Mutter unserer Kinder sein, mit ihr möchten wir unser Leben verbringen.

Männer laufen allerdings nicht mit einer konkreten Vorstellung von der Richtigen durchs Leben, sie suchen auch nicht aktiv nach diesem Lebensgefährten - im Gegensatz zu den meisten Frauen. Das liegt daran, dass sich die meisten Männer dieses Wunsches nicht bewusst sind. Dafür ist ihr Hirn zu sehr vernebelt von dem ewigen Testosteron-Schleier, der ihnen die Sinne trübt. Sie haben auch nicht diesen direkten Zugang zu ihrem Inneren, zu ihrer Seele, wie eine Frau. Sie wissen sehr oft einfach nicht, was sie in ihrem tiefsten Inneren *eigentlich wollen*.

Schneller Sex auf der einen Seite und eine feste Beziehung (mit der potentiell „richtigen" Frau) auf der anderen Seite haben erst einmal *nichts* miteinander zu tun. Das sind zwei völlig verschiedene Dinge für einen Mann.

Frauen verbinden mit Sex meistens auch eine emotionale Anziehung, bzw. sehen diese als Voraussetzung für Sex. Bei uns ist das nicht so.
  Sicher, eine Frau sollte uns sympathisch sein, sie sollte auch ansatzweise unseren optischen Vorstellungen entsprechen, aber wir brauchen *keine* Emotionen als Grundlage. Und es werden sich auch nicht zwangsläufig Emotionen daraus entwickeln.
Sex an sich hat für eine Frau - rein biologisch betrachtet- auch eine „verliebende" Wirkung. In verschiedenen Studien wurde nachgewiesen, dass sich bei Frauen während des Geschlechtsaktes eine wesentlich höhere Konzentration des sogenannten „Liebeshormons" Oxytocin bildet, als bei Männern.

Dieses Hormon sorgt für den „Rosa-Brillen"-Effekt, die den Partner in einem gänzlich positiven Licht erscheinen lässt.

Oxytocin ist auch für den starken Bindungswunsch und die Suche nach körperlicher Nähe verantwortlich. Männer bilden dieses Hormon zwar *vor* dem Beischlaf auch, allerdings sinkt der Spiegel des „Beziehungshormons" bei Männern nach dem Sex sehr schnell wieder in den Keller.

Das ist auch der Grund, warum Frauen „danach" so gerne kuscheln wollen - wovon Männer eher selten zu begeistern sind. Es wurde in Studien festgestellt, dass Frauen durch Sex - teilweise noch nach Wochen - einen erhöhten Oxytocin-Spiegel haben, während Männer dieses Hormon hauptsächlich durch die *Aussicht auf Sex* bilden.

Das von Hormonen ausgelöste Nähe- und Bindungsbedürfnis eines Mannes erzeugen Sie also nicht dadurch, in dem Sie voreilig mit ihm schlafen, sondern dadurch, in dem Sie ihm die Aussicht darauf geben, ihn aber ein wenig „zappeln" lassen.

Durch Sex entwickeln sich nicht zwangsläufig Emotionen bei einem Mann. Bei Frauen hingegen schon. Gegen Hormone sind wir alle machtlos.

Davon abgesehen ist in unserer tief verwurzelten Vorstellung der Körper einer Frau etwas „Heiliges", etwas, das man uns nicht einfach vor die Füße schmeißt. Wenn uns eine Frau ihren Körper hingibt, ohne dass wir viel dafür unternommen hätten - außer ein paar flotte Sprüche von uns zu geben und vielleicht das gleiche Hobby, wie sie zu haben - dann entwertet sie damit, ohne es zu wollen, sich selbst.

Stellen Sie sich vor, Sie würden einen Mann kennenlernen und er würde Ihnen schon nach drei Stunden Unterhaltung sagen: „Ich liebe Dich, ich will Dich heiraten!", ohne, dass er Sie überhaupt richtig kennengelernt hat. Fänden Sie das nicht seltsam? Ähnlich seltsam finden wir es, wenn eine Frau schon am ersten Abend alle Register zieht und uns ihr „Heiligtum" vor die Füße wirft.

Wie Männer stets die nackten Körper von Frauen sehen wollen, wollen Frauen das Innere, die Seele eines Mannes sehen.

Erfüllen Sie ihm niemals zu früh seine von Testosteron verzerrten Wünsche - er wird Ihnen sein Inneres genauso wenig am gleichen Abend präsentieren.

Natürlich haben Sie auch körperliche Bedürfnisse, keine Frage. Aber ich rate Ihnen dringend:

Wenn Sie die Weichen von Anfang an auf „feste Beziehung" bei einem Mann stellen wollen und eben *nicht* nur als Objekt seiner körperlichen Begierde deklariert werden möchten, halten Sie sich an den Grundsatz:

Schlafen Sie *nicht* mit einem Mann schon nach der ersten Begegnung! Egal, wie sehr „die Chemie" zwischen Ihnen stimmen mag. Ich würde behaupten, gerade *wenn* die Chemie stimmt und Sie sich gut verstehen, sollten Sie sich mit sexuellen Dingen gedulden.

Denn eines ist so sicher, wie das Amen in der Kirche:

Ein Mann, der ein echtes Interesse an Ihnen hat, wird auf Sex *warten* können. Nicht nur, dass er warten *kann*, er empfindet es als äußerst ansprechend, dass Sie eben *nicht* gleich mit ihm in die Horizontale gehen. Sie erfüllen damit die Grundvoraussetzung für das, was er als „anständige Frau" wahrnimmt. Unsere moralischen Vorstellungen sind in dieser Angelegenheit viel konservativer und spießiger, als Sie vielleicht annehmen.

Machen Sie sich auch Folgendes klar: Die Gefühle und die Erwartungen zwischen Ihnen und einem Mann sind - gerade am Anfang - in den seltensten Fällen identisch, auch wenn Sie glauben, er „müsste es doch auch fühlen".

Um die (ernsthaften) Gefühle eines Mannes wach zu kitzeln, braucht es ein wenig mehr Zeit. Und was Sie vor allem brauchen ist:

Geduld.

Gegen einen zur Situation passenden Abschiedskuss ist natürlich nichts zu sagen, wenn er mit einer gewissen Romantik verbunden ist. Männer mögen Romantik - entgegen aller hartnäckigen Gerüchte. Die Romantik ist eine der wirksamsten Methoden, um einen Mann in eine „Beziehungs-Stimmung" zu versetzen. Sie sollten ihm auf keinen Fall völlig unerwartet und ohne sein Zutun, die Zunge in den Hals stecken.

Auch hier gilt: Lassen Sie *ihn* den ersten Schritt tun. Und küssen Sie ihn auch nur, wenn Sie es für angebracht halten und bereit dafür sind. Sie müssen es *wollen*. Am besten ist es, wenn Sie sich bei seinem ersten Versuch, Sie zu küssen, ein wenig aus seiner Umarmung winden und Ihren Kopf zur Seite drehen.

Ihn dabei dennoch anlächeln und ihn mit dem Satz „Das hast du dir aber eigentlich noch nicht verdient" ein wenig hinhalten. Auch wenn Sie nichts lieber täten, als ihn auf der Stelle zu verschlingen, sollten Sie ihn bei allen *körperlichen* Dingen ein wenig auf die Folter spannen und ihn zappeln lassen. Nicht aber, indem Sie ihn völlig entmutigen. Sie sollten ihm immer zu verstehen geben, dass er durchaus eine Chance bei Ihnen hat - wenn er sich noch ein wenig geduldet.

Gefühlsmäßig können Sie ihn mit diesem „Hinhalten" völlig in Ihren Bann ziehen.

„Wer meine Seele nicht kennt, hat meinen Körper, der ihr Ausdruck ist, nicht verdient."

- Grace Kelly -

Was schreckt Männer ab?

Im Endeffekt geht es darum, ihm schon von Beginn an das Gefühl zu vermitteln, dass Sie eine besondere Frau sind, vor der er Respekt und Achtung hat. Respekt und Achtung voreinander sind schließlich die Grundpfeiler einer vertrauensvollen und gesunden Beziehung. Haben Sie seinen Respekt, dann ist der Weg zu seinem Herz nicht mehr weit.

Um einem Mann genau das zu vermitteln, nämlich, dass Sie eine respektable und anständige Frau sind (denn genau danach „sucht" im Grunde jeder Mann), sollten Sie folgende Dinge unbedingt vermeiden:

- **Übermäßiger Alkoholkonsum**

  Männer haben eine natürliche Abneigung gegen Frauen, die sich in der Öffentlichkeit sinnlos und maßlos betrinken. Vielleicht mögen Ihre Freundinnen Sie als „lebenslustig" oder als „Partygirl" betrachten - auf einen Mann haben betrunkene Frauen eine mindestens so abstoßende Wirkung, wie eine Horde betrunkener, randalierender Fußballfans auf Frauen. Männer nehmen betrunkene Frauen als äußerst peinlich wahr.

- **Hemmungslosigkeit**

  Halten Sie sich von lasziven Tänzen fern, tanzen Sie nicht auf Tischen oder der Theke. Seien Sie nicht zärtlich zu einem Mann, den Sie gerade erst kennengelernt haben, und schmiegen Sie sich nicht lüstern an ihn. Lassen Sie sich nicht auf zweideutige Gespräche mit sexuellem Unterton ein. Männer neigen sehr schnell dazu, Sie in die Schublade „des leicht zu bekommenden Abenteuers" zu stecken, wenn Sie diese Dinge tun.

- **Offen zur Schau gestellte sexuelle Freizügigkeit**

Der Anblick von Frauen, die sich in der Öffentlichkeit halb nackt bewegen, mag ein echter Augenschmaus sein. Hotpants und extrem knappe Oberteile, bei denen Mann die körperlichen Vorzüge einer Frau nicht nur erahnen kann, sondern sie ihm förmlich ins Gesicht springen - natürlich schaut er sich das gerne an. Allerdings weckt ein solcher Anblick nur eins in ihm: die Lust auf ein kurzes Abenteuer. Ich kenne keinen Mann, der eine solche Frau zur festen Partnerin haben möchte, geschweige denn auch nur einen Funken von Respekt vor solchen Frauen hat.

Wie bekomme ich seine Nummer?

Wenn ein Mann ein nettes Gespräch mit Ihnen geführt hat und Sie in „Phase Eins" die ersten richtigen „Schalter" bei ihm betätigt haben, wird er Sie am Ende des Gesprächs sehr wahrscheinlich um Ihre Nummer bitten. Das Problem wäre somit gelöst.

Sie sollten ihm aber nicht nur Ihre Nummer geben und dann wochenlang passiv darauf hoffen, dass er Sie endlich anruft. Nachdem er Sie um Ihre Nummer gebeten hat, fragen Sie ihn einfach *auch* nach seiner. Ganz natürlich und ohne großes Aufsehen.

Das signalisiert ihm, dass Sie ein echtes Interesse an einer Fortführung der Unterhaltung haben. Machen Sie am besten gleich einen Zeitpunkt für ein Telefonat aus, so muss sich keiner von Ihnen den Kopf darüber zerbrechen, *wann* man anruft oder angerufen wird und vor allem, *wer* als Erster anruft.

Vor allem sollten Sie ihn schon während des Gesprächs ermuntern, Sie nach Ihrer Nummer zu fragen, indem Sie ihm zu verstehen geben, dass Sie ihn wiedersehen möchten. Aber nicht, weil Sie ihm schon jetzt hoffnungslos verfallen sind, sondern einfach, weil Sie sich gerne mit ihm unterhalten haben und weil Sie ihn gerne näher kennenlernen würden. Sagen Sie ruhig:

„Das war wirklich nett, vielleicht sollten wir uns mal auf einen Kaffee treffen?" Es geht um *Natürlichkeit* und nicht darum, eine große Show daraus zu machen.

Wenn Sie während des ersten Gesprächs vielleicht schon gemeinsame Interessen ausfindig gemacht haben, ist das ein guter Punkt, um präziser zu werden: „Ich gehe am Wochenende in das neue Theaterstück (wenn Sie beide Theater mögen) oder den neuen Film mit (Schauspieler, den Sie beide mögen) oder das Konzert von (Band, die Sie beide mögen), hast Du vielleicht Lust mitzukommen?"

Geben Sie ihm zu verstehen, dass Sie ihn wiedersehen möchten, weil Sie ihn nett und interessant finden, und nicht, weil Sie dringend einen Partner suchen. Es geht darum, ihn um *seinetwillen* wiedersehen zu wollen und nicht, weil Sie nun schon das dritte frustrierende Jahr als Single hinter sich haben.

Denken Sie daran, sein Ego will dringend bestätigt werden.

Es mag Sie vielleicht überraschen, aber worauf ein Mann gerade am Anfang anspringt, sind ganz einfach Frauen, die ihn *ermuntern*. Die ihm zu verstehen geben, dass sie ihn interessant finden. Die ihn wiedersehen möchten, weder, um mit ihm wilde Nächte zu verbringen, noch um ihn in naher Zukunft vor den Traualtar zu schleifen, sondern weil er ein netter/witziger/interessanter/tiefsinniger (was auch immer) Mensch ist.

Er möchte Ihnen *gefallen*, als der Mensch, der er ist - weiter nichts. Geben Sie ihm dieses Gefühl!

Von daher ist es auch so unendlich wichtig, dass Sie in der ersten Phase keine sexuellen Anzüglichkeiten von sich geben sollten - er würde sonst sofort umschalten auf „Sex-Modus" und dadurch begibt er sich in einen völlig anderen Zustand - nämlich den, dass Sie lediglich ein willkommenes Opfer seiner Begierde sind.

Sollte er Sie wider Erwarten nicht nach Ihrer Nummer fragen, dann hat er entweder Angst und nicht mal den Funken von Selbstvertrauen, oder er hat kein Interesse an Ihnen. In beiden Fällen sollten Sie es einfach vergessen. Es lohnt nicht, weiter darüber nachzudenken.

Wichtig ist nur eine Sache:

Er sollte *Sie* nach der Nummer fragen.

Wann ruft er an?

Während Sie sich in Ihrer Fantasie vielleicht schon das nächste Treffen in allen Farben und Facetten ausmalen und schon am nächsten Morgen nichts Anderes Ihre Gedanken beherrscht, als die Frage: „Ist das vielleicht der Richtige? Was macht er jetzt gerade? Denkt er an mich?", denkt der Mann im Normalfall nur eines: „Rufe ich sie an, oder nicht?"

Männer hegen keine ausführlichen Fantasien darüber, wie es wohl mit Ihnen sein könnte, und ob Sie beide zusammenpassen. Sie machen sich auch keine ähnlich ausschweifenden Gedanken über die Zukunft. Sie denken bis zum nächsten Schritt und der besteht darin, Sie anzurufen.

Dieser erste Anruf kostet eine enorme Überwindung für ihn, er will auch am Telefon nur eines: Sie beeindrucken, Ihnen gefallen.

Dafür, so glaubt er, muss er erst einmal in der richtigen „Stimmung" sein. Vielleicht meint er, sich dafür sogar ein wenig Mut antrinken zu müssen, auf jeden Fall wird es eine Weile dauern, bis er sich in dieser Stimmung befindet, in der er sich als „selbstsicher genug" einschätzt, um Sie anzurufen.

Um Ihnen eines ganz klar zu sagen: Männer spielen keine „Spiele" mit Ihnen, wenn es mit dem erhofften Anruf ein wenig dauert. Sie wollen Sie weder „zappeln" lassen, noch haben Sie irgendeine Taktik auf Lager - dazu fehlt Ihnen schlichtweg die Fantasie. Vor allem hat ein Mann nicht den blassesten Schimmer davon, wie sehr Sie jetzt gerade auf den Anruf warten - und ob überhaupt.

Im Gegenteil - er möchte normalerweise einfach nur nicht *aufdring-lich* wirken. Er geht davon aus, dass Sie vermutlich eher ein wenig genervt reagieren, wenn er sich schon innerhalb der nächsten 24 Stunden bei Ihnen meldet.

Ein Mann geht vor allem von den Standards aus, die unter Seinesgleichen herrschen: Selbst die besten Freunde melden sich manchmal wochenlang nicht beieinander und niemand wäre deswegen sauer oder würde sich darüber Gedanken machen. Männer unterscheiden sich in dieser Hinsicht massiv von Frauen.

Also machen Sie sich keine Gedanken, wenn er sich etwas Zeit lässt, das hat *nichts* damit zu tun, dass er nicht das gleiche Interesse an Ihnen hätte, wie Sie an ihm, oder weniger oft an Sie denken würde. Es dauert einfach ein wenig, bis er den Mut zusammen bekommt.

Was er denkt, wenn er dann eines Abends zum Telefonhörer greift, ist:

„Wie komme ich gut bei ihr an? Hoffentlich erzähle ich keinen kompletten Unsinn! Ob Sie sich überhaupt noch an mich erinnert?"

Er wird sich an ihr erstes Treffen erinnern, und sich dabei vor allem eines fragen:

„Mochte Sie mich überhaupt? Habe ich denn eine Chance bei ihr?" Er wird sich ins Gedächtnis rufen, was er anziehend an Ihnen fand und wie sie körperlich auf ihn reagierten:

- Sie ist hübsch
- Sie lachte über meine Geschichte über diesen unmöglichen Typen im Büro
- Sie berührte meine Hand
- Sie hörte mir gebannt zu, als ich meine Theorie über Seelenverwandtschaft zum Besten gab
- Sie schaute mir tief in die Augen beim Abschied
- Sie gab mir beim Abschied einen Kuss auf die Wange

... es könnte also sein, dass sie mich mag ...

Die Unfähigkeit der Männer, zu spüren, ob Sie einer Frau gefallen oder nicht, ist kaum zu überschätzen.

Sie könnten einem Mann einen kompletten Tag lang ohne Unterbrechung schmachtend hinterher schauen und die Chancen stünden nicht schlecht, dass er das schlichtweg *nicht bemerkt.*

Deswegen ist es auch so wichtig, dass Sie ihm von Anfang an die richtigen Signale senden - alleine damit unterscheiden Sie sich von der großen Masse der Frauen ganz erheblich.

Wenn nun eines Tages das Telefon klingelt, wissen Sie: Er hat sich überwunden. Gratulation!

Vermutlich wird er diesen ersten Anruf aber erst einmal damit umschiffen, indem er Ihnen eine oder mehrere SMS schickt, mit denen er sich schon *vorher* absichert, ob er eine Chance bei Ihnen hat. Wenn Sie diese positiv beantworten, also daraus hervorgeht, dass es lohnt, Sie anzurufen, dann wird er das auch tun.

Wenn Sie genau darauf achten, werden Sie seine Unsicherheit in seinen ersten, stammelnden Sätzen heraushören können - er ist *extrem* nervös. Auch wenn es den Anschein hat, als wäre er die Ruhe selbst - glauben Sie mir, der erste Anruf ist für einen Mann genauso schwer, wie das erste Ansprechen - eine schier unlösbare Aufgabe.

Denken Sie daran: Er kostet ihn eine Menge Überwindung, dieser erste Anruf. Also kann es schlicht und einfach ein Weilchen dauern, bis er sich dazu entschließt.

Allerdings wird Sie ein Mann, der wirklich Interesse an Ihnen hat, nicht ein oder zwei Wochen warten lassen. Er weiß, dass sich das einfach nicht gehört. Sicher, er mag gerade schwer beschäftigt sein, der Job mag ihm über den Kopf wachsen, es kostet eine Menge Überwindung - für einen kurzen Anruf oder eine SMS reicht die Zeit dennoch. Sollte er Sie länger als eine Woche warten lassen, können Sie davon ausgehen, dass er gerade nichts „Besseres" gefunden hat als Sie, oder er schauen will, ob Sie vielleicht als „Lückenfüller" oder Bettgeschichte taugen.

Sollte er keine überzeugende Erklärung und zumindest ein höfliches „Tut mir leid, dass ich mich jetzt erst melde" dafür liefern, rate ich Ihnen dringend, schnell das Weite zu suchen. Wenn sich solche Dinge schon am Anfang einschleichen, stehen ihm Tür und Tor auf, diese Art von Unverschämtheiten auch weiterhin mit Ihnen zu betreiben.

Eine Woche sollte das Maximum sein, die Sie einem Mann einräumen. Wenn er Interesse an Ihnen hat, weiß er von dieser ungefähren Zeitspanne und wird sich auch daran halten - alles andere wäre unhöflich und würde nur seinen Mangel an Interesse demonstrieren. Vielleicht hat seine Freundin gerade mit ihm Schluss gemacht, und er hat eben nur mal die Telefonnummern von Frauen des letzten Monats hervorgekramt. Auf jeden Fall ist hier äußerste Vorsicht angebracht.

Wir wissen sehr genau, was sich einer Frau gegenüber gehört, und was nicht. Wenn wir *gegen* diese ungeschriebenen Regeln verstoßen, dann nur, weil wir kein ernsthaftes Interesse haben. Glauben Sie es mir, ich selbst und etliche Männer, mit denen ich mich ausgetauscht habe, waren schon mehr als nur einmal in dieser Situation.

Nach dieser Woche sollte es von Ihrer Seite insofern ganz eindeutig heißen:

„Rien ne va plus!"
- Nichts geht mehr -.

Wenn ein Mann verspricht,
dich anzurufen, und er tut es nicht,
dann hat er es nicht vergessen.
Er hat auch nicht deine Nummer verloren.
Er ist nicht gestorben.
Er will dich nur einfach nicht anrufen.

- Ingrid Bergmann -

Kann ich ihn anrufen - und wann?

Es gibt Frauen, die geben grundsätzlich ihre Telefonnummer nicht an fremde Männer weiter. Das ist auch völlig in Ordnung so, wir Männer wissen von den Terroranrufen irgendwelcher Psychopathen.

Da wir selbst nicht als Psychopath dastehen möchten, werden wir Ihnen unsere Nummer geben und nicht weiter nachfragen - allerdings rechnen wir dann nicht ernsthaft damit, dass Sie tatsächlich anrufen werden. Wir haben unsere Nummer schon etlichen Frauen in die Hand gedrückt und nie mehr etwas von ihnen gehört.

Umso schöner ist es, wenn Sie uns dann tatsächlich anrufen!

Wir wissen diese Initiative von Ihnen überaus zu schätzen. Das zeugt von Ihrem Selbstbewusstsein und Ihrer Fähigkeit, die Dinge auch mal selbst in die Hand zu nehmen.

Allerdings:

Rufen Sie nicht am nächsten Tag an.

Das erweckt den Eindruck, Sie hätten es „nötig" oder Sie hätten einfach ein langweiliges Leben und sonst nichts zu tun.

Lassen Sie auch keine zwei Wochen verstreichen, er hat Sie bis dahin längst aus dem Gedächtnis gestrichen und wird Sie als eine etwas verwirrte Person wahrnehmen, der erst nach zwei Wochen wieder einfällt, dass sie doch diesen Kerl kennengelernt hat.

Ein guter Anhaltspunkt sind etwa vier Tage. Plus/Minus einen Tag.

Alles, was Sie am Telefon sagen sollten, ist: „Hallo, hier ist Karin.

Wir haben uns am Freitag kennengelernt und ich sagte ja, ich würde anrufen."

An seiner Reaktion werden Sie merken, ob er Interesse an Ihnen hat und inwiefern Sie sich bei ihm eingeprägt haben. Wenn er nur ein müdes und lustloses „Aha, und jetzt?" herausbringt, sollten Sie das Gespräch höflich beenden und die Sache vergessen.

Wenn er Interesse an Ihnen hat, wird er Sie definitiv nach einer Verabredung fragen. Vorher wird er wahrscheinlich noch etwas unbeholfen versuchen, Sie zu beeindrucken. Vielleicht wird er Sie zum Lachen bringen oder Eindruck schinden mit einer Story über den neuen Auftrag, den er an Land gezogen hat. Sie werden auf jeden Fall spüren, dass er sich freut. Sollten Sie diese Freude, oder zumindest einen gewissen Grad von Aufregung, nicht bei ihm spüren, dann vergessen Sie es. Es hat keinen Sinn.

Eines sollten Sie auf keinen Fall tun:

Sie sollten ihn *nicht* nach einer Verabredung fragen. Das wird entweder von ihm kommen, oder Sie können es vergessen. Wenn Sie ihn danach fragen, entsteht bei ihm der Eindruck:

„Da stimmt doch was nicht". Er wird glauben, Sie wären ihm völlig ergeben und genau das sollten Sie in jedem Fall verhindern.

Das erste Date

Irgendwann naht dann der große Tag, den Sie voller Vorfreude kaum abwarten können und an dem wir Männer im Normalfall noch viel nervöser sind, als Sie es sich vorstellen können.

Die erste Verabredung.

Man sollte sich auf dieses Date ein wenig vorbereiten, Sie treffen schließlich auf jemanden, mit dem Sie möglicherweise einen großen Teil Ihres Lebens verbringen. Während der ersten Verabredung entscheidet sich meistens innerhalb kürzester Zeit, in welche „Kategorie" Sie von einem Mann einsortiert werden. Es ist unglaublich wichtig, diese Gelegenheit voll und ganz auszuschöpfen und die richtigen Knöpfe bei ihm zu drücken.

Denn wenn er Sie im ersten Date als Beziehungs-Kandidatin wahrnimmt (wenn er das nicht schon längst getan hat), haben Sie alles in der Hand, um von jetzt an die „Geschichte" zu steuern. Genau darum geht es im Grunde bei der gesamten Prozedur:

SIE müssen die Zügel in die Hand nehmen, *Sie* müssen entscheiden, wie sich die Dinge weiterentwickeln und nicht *ER*.

Denken Sie daran, ein Mann ist meistens einfach nicht in der Lage, nachvollziehbare, emotionale Entscheidungen zu treffen - vor allem nicht in der Anfangsphase. Dazu verfügt er ganz einfach über zu wenig emotionale Intelligenz. Hinzu kommen dann noch seine diffusen Bindungsängste, seine eigene Unsicherheit und die Tatsache, dass er sich nicht wirklich bewusst darüber ist, was er eigentlich in Bezug auf Beziehungen will.

Die Kunst dabei ist, dass er es überhaupt nicht mitbekommt, dass Sie es letztlich sind, die die Entscheidungen trifft. Für ihn muss es aussehen, als hätte er eine wirklich fabelhafte Frau kenne gelernt, die er jetzt unbedingt davon überzeugen muss, was für ein Pracht-kerl er doch ist.

Denken Sie daran, er will Sie erobern, er möchte um Sie kämpfen. Nun - lassen Sie sich erobern!

In Wahrheit aber sind *Sie* es, der *ihn* erobert -
nur bekommt er davon nichts mit ...

Welche Fehler Sie unbedingt vermeiden sollten

Ich bin mir sicher, es gibt eine wahre Fundgrube von Geschichten darüber, welche Dummheiten Männer bei der ersten Verabredung machen. Das liegt daran, dass ein erschreckend großer Anteil der Männer einfach nicht *weiß*, worauf Frauen Wert legen.

Von dieser traurigen Tatsache können Sie sich aber unterscheiden, indem zumindest Sie wissen, worauf es Männern ankommt und wovon Sie sich angezogen fühlen. Dadurch haben Sie den ent-scheidenden Vorteil, dass Sie sich einen passenden Mann *selektiv* aus der Masse all der Männer heraussuchen können -, denn nahe-zu jeder Mann wird sich von Ihnen angezogen fühlen.

Um nichts anderes geht es hier:

Sie sollten sich den Mann herauspicken, den *Sie* wollen, den *Sie* für den „Richtigen" halten. Und das funktioniert nur unter der Voraussetzung, dass Sie auf nahezu *jeden* Mann attraktiv wirken. Und zwar auf einer tieferen, emotionalen Ebene, dessen sich der Mann gar nicht bewusst ist. Er fühlt sich zu Ihnen hingezogen und *weiß gar nicht, warum.*

Sie können mir folgen?

Gut, dann lassen Sie mich zuerst die groben Fehler erwähnen, die Sie auf jeden Fall vermeiden sollten. Alleine dadurch heben Sie sich schon von der Masse der meisten Frauen ab und bekommen schon die ersten „Bonus-Punkte":

Sprechen Sie nicht von Ihrem Ex-Partner

Der Ex ist für einen Mann ein absolutes Tabu-Thema. Egal, in welcher Form Sie über ihn sprechen, er wird sich selbst mit ihm vergleichen. Und das verunsichert ihn ungemein. Für einen Mann ist der Ex-Partner der größte Konkurrent und somit die größte Bedrohung, die es für ihn gibt und jemals geben wird. Den Status des Ex wird er frühestens in ein paar Jahren erreichen, also ist der Vergleich mit ihm aussichtslos.

Reden Sie über die lange Liste der Fehler ihres Ex, wird er den einen oder anderen Fehler auch an sich selbst entdecken und sich entmutigt fühlen.
  Wenn Sie Ihren Ex-Partner in ein gutes Licht rücken, nimmt er ihn als noch größere Bedrohung wahr - Sie könnten ja zu ihm zurückkehren.

Wie Sie es auch drehen, das Thema Ex sollte in jedem Fall vermieden werden. Wenn Sie es anschneiden, denkt er, Sie wären noch nicht über ihn hinweg. Das wirkt auf ihn, als wollten Sie ihn als „Therapeuten" missbrauchen oder gar als „guten Freund" sehen. Das Schlimmste, was Sie einem Mann zu verstehen geben können, ist, dass er ein „guter Freund" sein könnte.

Sollte es dennoch zur Sprache kommen, sagen Sie kurz und knapp: „Wir haben nicht zusammengepasst und deswegen Schluss gemacht." Thema erledigt.

Vermeiden Sie „beängstigende" Themen

Konfrontieren Sie ihn nicht mit schwerwiegenden Problemen. So etwas wie Ihre Essstörung, Ihre kürzlich gestorbene Großmutter, die Drogenprobleme Ihres Bruders oder ihre Medikamente gegen Depressionen gehören nicht in ein erstes Date. Auch die Teile Ihrer Lebensgeschichte, in denen Sie schweres Leid erfahren mussten, sollten Sie sich erst einmal verkneifen.

Er wüsste schlicht und einfach nicht, wie er darauf reagieren soll. Er wird Mitleid mit Ihnen empfinden, aber vor allem wird er sich denken: „Diese Frau bringt Probleme in mein Leben. Ich habe selbst genug Probleme, ich kann mir diese Zusatzbelastung im Moment nicht leisten". Für ihn hat sich die Sache damit sehr schnell erledigt.

Ihre genauen Vorstellungen einer gemeinsamen Zukunft

Ihre Heiratspläne oder der baldige Kinderwunsch gehören genauso wenig in ein erstes Treffen wie Ihre Vorstellung davon, vielleicht später auf einem Bauernhof mit ihren Kindern leben zu wollen.

Natürlich sollten Sie sich Ihrer eigenen Pläne und Ziele *sehr wohl bewusst* sein, aber Sie sollten niemals mit der Tür ins Haus fallen. Gehen Sie diese Dinge sehr behutsam und vorsichtig an. „In der Ruhe liegt die Kraft". Sparen Sie sich diese Punkte für einen späteren Zeitpunkt der Beziehung auf. Auf Männer wirken Sie wie eine Frau, die einfach „irgendeinen Mann" für eine Beziehung sucht und sich nicht um *seinetwillen* mit ihm trifft.

Wenn ich mir all die Beziehungen anschaue, die ich in all den Jahren sehr genau beobachtet habe, stelle ich immer wieder fest: Die Beziehungen mit dem schnellsten Ende waren oft diejenigen, in denen die Frau von Anfang an ständig darüber sprach „mehr zu wollen", in kürzester Zeit eine gemeinsame Wohnung zu suchen, eine gemeinsame Zukunft aufzubauen usw.

Ich kenne so viele großartige Frauen, die Ihre Männer mit ihrer Unfähigkeit abgeschreckt haben, sich „einfach auch mal treiben zu lassen" und zuzulassen, dass sich alles auf eine natürliche Weise entwickelt.

So wie Sie nicht nur auf Ihren Körper reduziert werden möchten, möchte ein Mann nicht auf seine Rolle als zukünftiger Partner und Ehemann reduziert werden!

Jammern Sie nicht über die Schlechtigkeit der Welt

Vielleicht möchten Sie als ein kluger und kritischer Mensch wahrgenommen werden, wenn Sie die Bedienung im Restaurant, die Stadt, in der Sie leben, Ihre Familie oder die Armut in Afrika kritisieren. Allerdings werden negative Themen auch ein mulmiges und negatives Gefühl in einem Mann auslösen - es sei denn, er wäre selbst ein eingefleischter Pessimist.

Genauso abschreckend wirken Anekdoten und Witze darüber, „wie schrecklich Männer sind" oder Geschichten, wie schlimm Sie oder Ihre Freundinnen schon von Männern behandelt wurden. Männer nerven diese Stereotypen genauso, wie es Frauen nervt, schlechte und klischeehafte Witze über Frauen zu hören. Sparen Sie sich Ihren Zynismus und Andeutungen über die „Unverbesserlichkeiten der Männer" für den Zeitpunkt auf, wenn er hoffnungslos in Sie verliebt ist.

Geldfragen

Vermeiden Sie das Thema Geld. Ihre unschuldigen Fragen nach seinem Verdienst oder seiner privaten Altersvorsorge wecken in ihm den Eindruck, Sie wären auf der Suche nach einem reichen Ehemann. Er empfindet es als grenzüberschreitend und unhöflich, wenn Sie ihn nach seiner finanziellen Situation befragen.

Wenn es um das Bezahlen der Rechnung geht, überlassen Sie ihm die Führung. Wenn Sie ihm gefallen, wird er darauf bestehen, Sie einzuladen.

Wir Männer wissen, dass sich das einfach gehört - selbst dann, wenn wir vollkommen pleite sind. Sie können ganz nebenbei mit einem Lächeln erwähnen: „Beim nächsten Mal zahle ich dann".

Damit geben Sie ihm zu verstehen, dass Sie ihn nicht „ausnutzen" wollen und eine Frau sind, die über ihr eigenes Geld verfügt.

Aber das erste Mal will und wird er bezahlen - nehmen Sie ihm diese Freude nicht!

Im Grunde geht es vor allem darum: Ein Mann möchte einen möglichst netten und unverkrampften Abend verbringen, er steht selbst ohnehin schon unter Anspannung. Er fragt sich permanent „Gefalle ich ihr?" und steht unter enormen Stress.

In eine entspannte und positive Stimmung können Sie einen Mann versetzen, indem Sie ganz einfach nett und vor allem *positiv* sind.

Hört sich einfach und simpel an, aber Männer sind nun einmal einfach und simpel gestrickt.

Das ist es, was einen Mann in eine entspannte Grundstimmung versetzt: Wenn Sie ganz einfach *freundlich* und positiv sind und ihm zu verstehen geben, dass Sie es angenehm finden, gerade mit ihm hier zu sein. Wenn Sie negative Themen meiden und ihn nicht mit voreiligen Beziehungsplänen oder Sonstigem unter Druck setzen, wird er sich sichtlich entspannen.

Ein Date sollte zuerst einmal nichts anderes sein, als ein Gespräch zweier Menschen über positive und amüsante Dinge. Dadurch wird er sich ganz einfach *entspannen*. Wenn Sie es schaffen, Entspannung in ihm auszulösen, haben Sie die Basis für alles Weitere bereits geschaffen.

Ihre äußere Erscheinung – was mögen Männer daran?

Es wird nichts Neues für Sie sein:

Männer achten zuerst einmal sehr auf die äußere Erscheinung einer Frau.

Von daher ist es extrem wichtig, dass Sie folgende Regeln beachten, die Sie rein optisch in das richtige Licht rücken:

Pflegen Sie sich!

Für die meisten Frauen mag das eine Selbstverständlichkeit sein, aber ich habe schon etliche Verabredungen mit Damen gehabt, die sich selbst anscheinend nur auf Ihre inneren Werte reduzierten.

Ihre äußere Erscheinung und die passende Kleidung können den Unterschied zwischen völligem Desinteresse und dem Beginn einer Beziehung markieren!

Eine Frau, die es versteht, sich dezent zu schminken, die Augenbrauen gekonnt zu zupfen und ein unaufdringliches, aber zu ihr passendes, Parfum zu benutzen, ist klar im Vorteil.

Leider bin ich als Mann nicht kompetent genug, um Ihnen konkrete Schminktipps oder Parfum-Empfehlungen mit auf den Weg zu geben, aber ich kann Ihnen versichern, dass Männer extrem auf diese Dinge achten. *Dezent* heißt die Devise. Benutzen Sie niemals zu viel Parfum und zu viel Make-up. Weniger ist oft mehr.

Ein neuer Haarschnitt kann zu einem ganz neuen Selbstbewusstsein führen - wenn er zu Ihnen passt. Experimentieren Sie! Lassen Sie sich von Ihrem Friseur beraten!

Ihr Lächeln ist entscheidend! Ein schönes Lächeln, also schöne Zähne können innerhalb von Sekunden entscheiden, ob ein Mann Interesse an Ihnen hat oder nicht. Lassen Sie eine professionelle Zahnreinigung machen, investieren Sie das Geld! Es gibt kaum etwas Unschöneres an einer Frau, als von Nikotin und Kaffee vergilbte Zähne.

Wichtig ist auch, dass er erkennen kann, dass Sie Mühe und Zeit in die Wahl Ihrer Garderobe investiert haben. Das gibt einem Mann zu verstehen, dass Sie Wert auf sich selbst und Ihr Aussehen legen.

Stellen Sie sich vor, ein Mann käme im ölverschmierten Overall, unrasiert und streng riechend zu einer Verabredung mit Ihnen. Wie würden Sie sich fühlen?

In etwa das gleiche Gefühl vermitteln Sie einem Mann, wenn Sie ungepflegt und mit unachtsam gewählten Kleidern zu einem Date erscheinen. Er glaubt, Sie würden ihn nicht respektieren, Sie würden die Verabredung als etwas wahrnehmen, das Sie schnell hinter sich bringen wollen.

Ziehen sie sich vorteilhaft an!

Es ist immer wieder erschreckend, aber viele Frauen laufen in Kleidungsstücken herum, die weder zu Ihrem Typ passen noch miteinander harmonieren.

Dabei können so scheinbar zweitrangige Dinge wie Kleidung, schöne Zähne, passendes und dezentes Make-up und kleine, hübsche Accessoires ausschlaggebend dafür sein, ob ein Mann ein grundsätzliches Interesse an Ihnen hat oder nicht.

Was Ihren Kleidungsstil angeht, sollten Sie etwas wählen, aus dem hervorgeht, dass Sie sich Gedanken gemacht haben. Wenn Sie bei einer Verabredung in Ihrem Büro-Outfit oder gar in einem Jogging-Anzug auftauchen, wirft das wirklich kein gutes Licht auf Sie.

Genauso wenig sollten Sie in einem Ballkleid zu einer Verabredung gehen - die Mischung aus elegant und leger - das ist es, was Männer mögen. Allerdings sollten Sie sich wohlfühlen in dem, was Sie anziehen. Es sollte ihr *eigener Stil* sein. Zeigen Sie auch nicht zu viel Haut - ein Minirock oder Hotpants mögen sexy sein, aber sie senden die völlig falschen Signale aus.

Haben Sie eine Freundin, die für ihren guten Kleidergeschmack und einen gekonnten Stil bekannt ist? Wenden Sie sich vertrauensvoll an Sie und lassen Sie sich von Ihr beraten. Ich wette, es wird ihr eine Menge Spaß machen, Sie zu „verschönern".

Es gibt auch professionelle Farb- und Stilberater, die Ihnen -passend zu Ihrer Haarfarbe und ihrem Typ- die besten Ratschläge darüber geben können, was Ihnen steht und was nicht. Investieren Sie ein wenig Geld in Ihr Aussehen, und Sie werden von Männern prompt mit ganz anderen Augen wahrgenommen.

Dazu braucht es oft nur ein wenig Feinschliff, der aber massive Auswirkungen haben kann.

Eine gute Bekannte von mir, eine humorvolle und sehr intelligente Frau, hatte immer wieder Schwierigkeiten, sich „an den Mann zu bringen". Männer schienen sich - trotz ihrer offensichtlichen Charakterstärken - kaum für Sie zu interessieren.

Ich lernte Sie während des Studiums kennen und konnte mich stundenlang fantastisch mit ihr unterhalten. Allerdings fehlte es ihr einfach an der nötigen optischen Anziehungskraft. Sie war das, was man gemeinhin ein „graues Mäuschen" nennt.

Eines Tages nahm Sie eine Farb- und Stilberatung in Anspruch und ging danach ausgiebig in den Modehäusern der Stadt einkaufen. Zwei Ihrer Freundinnen und ich begleiteten sie dabei und es machte ihr einen irrsinnigen Spaß, sich neu einzukleiden. Danach ging Sie zum Friseur, sie ließ sich von einer Visagistin in Make-up-Fragen beraten und eine Maniküre über sich ergehen.

In der Woche darauf tauchte sie wieder in der Uni auf und Sie werden kaum glauben, wie ihr die Männer auf einmal hinterher schauten.

„Ist das nicht die kleine Unscheinbare aus Deinem Kurs? Wow, ich habe einfach nicht bemerkt, was sich hinter ihrer Fassade verbirgt, kannst Du sie mir vielleicht vorstellen?", wurde ich immer wieder gefragt.

Ihre Probleme, von Männern wahrgenommen zu werden, hatten sich von diesem Tag an erledigt.

Attraktivität beginnt in Ihrem Inneren

Was ein Mann an Ihnen zuerst wahrnimmt, ist und bleibt Ihr Äußeres. Grundvoraussetzung dafür, dass sich ein Mann zu Ihnen hingezogen fühlt, ist Ihr Aussehen. Erst wenn er sich von Ihrer optischen Erscheinung angezogen fühlt, beginnt er sich auch für Ihr Inneres zu interessieren.

Das ist nun mal Fakt.

Hier sind die guten Nachrichten: Sie brauchen kein Supermodel zu sein, Sie müssen auch nicht über die Traummaße verfügen, die uns all die Frauen auf den Plakaten und in der Werbung präsentieren.

Sie brauchen neben einer gepflegten Erscheinung und einem zu Ihnen passenden Modestil im Grunde nur eins:

Ausstrahlung.

Immer wieder unterhalte ich mich mit sehr attraktiven oder auch wohlhabenden Männern, deren Frauen oder Freundinnen nicht unbedingt das Aussehen eines Mannequins haben, darüber, warum sie mit dieser einen, ganz bestimmten Frau zusammen sind.

Sie sind es, weil Ihre Frauen diese geheimnisvolle Aura von Ausstrahlung umgibt. Ich kenne diese Frauen persönlich teilweise sehr gut und spüre, dass Sie genau das haben, was Männerherzen auf unerklärliche Weise höher schlagen lässt. Sie haben einfach „das gewisse Etwas".

Nach fortgeschrittener Stunde und dem ein oder anderen Promille im Blut neigen viele Männer dazu, dem Barkeeper all ihre Geheimnisse anzuvertrauen. Sehr oft kommt das Gespräch auf das umfassende Thema Frauen. Warum Sie so sind, wie sie sind, warum wir sie brauchen und vor allem, was sie liebenswert und attraktiv macht.

Die Erkenntnis aus all diesen Gesprächen mit Männern jeden Alters und jedweder sozialen Schicht ist immer wieder verblüffend: Oberflächlich und rein visuell betrachtet mögen Männer die Frauen, die dem „allgemeinen Schönheitsideal" entsprechen. Also jene „Plakat-Supermodels", die auch allabendlich über den Bildschirm flackern.

Allerdings möchten Männer solche Frauen in den allermeisten Fällen *nicht* zur Freundin oder Ehefrau haben. Unabhängig davon, ob sie bei diesen „Schönheiten" tatsächlich landen könnten. Viele wären durchaus dazu in der Lage, bzw. hatten schon Beziehungen mit Ihnen.

Wenn man die Männer fragt, was ihnen denn *wirklich* wichtig ist, wenn Sie eine Beziehung mit einer Frau eingehen, antworten die Allermeisten: „Sie muss Ausstrahlung haben"

Nun, was ist aber diese mysteriöse „Ausstrahlung" eigentlich? Kann man sie sich irgendwie aneignen?

Stellen Sie sich vor, Sie sind eine Frau, denen die gesamte Männerwelt zu Füßen liegt. Eine Traumfrau, die sich den Besten aller Männer nur noch aus der Masse all ihrer Verehrer heraussuchen muss.

Wie bewegt sich eine solche Frau?

Wie kleidet sie sich?

Wie spricht eine solche Frau?

Wie verhält sie sich in der Öffentlichkeit?

Wie *fühlt* sich eine Traumfrau?

Nun, ich sage Ihnen ganz klar:

Sie sind diese Traumfrau schon längst.

Sie müssen nur noch beginnen, sich auch wie eine zu verhalten. Sich wie eine zu *fühlen*. Das ist alles. Kleiden Sie sich wie eine, bewegen Sie sich wie eine und vor allem:

Verhalten Sie sich wie eine Traumfrau!

Hat es eine solche Frau nötig, Männern „hinterherzurennen"?

Lässt eine solche Traumfrau es sich gefallen, von Männern ausgenutzt zu werden?

Liegt es nicht viel mehr in ihrer Macht, mit welchen Männern Sie sich abgibt und mit welchen nicht?

Geht eine solche Frau mit Männern gleich ins Bett, nachdem sie sich mit Ihnen getroffen hat?

Verhalten Sie sich ab heute wie eine Traumfrau!

Eine Frau, die von Männern geachtet, respektiert und vor allem geliebt wird für das, was sie ist:

Ein Wesen, das es nur ein einziges Mal auf dieser Welt gibt.

Ich kenne persönlich einige solcher „Traumfrauen", denen die Männer tatsächlich zu Füßen liegen. Sie werden von Männern mit einem enormen Respekt behandelt.

Und wissen Sie, was diese Frauen dazu macht, eine solche Frau zu sein, die den Männern reihenweise die Köpfe verdreht?

Sie respektieren sich selbst.Sie behandeln sich selbst liebevoll und sie denken positiv über sich selbst.

Und diese Einstellung strahlen sie auch aus.

Sie hadern nicht mit sich und ihrem „schweren Schicksal", sie bestrafen sich auch nicht mit Gedanken, mit denen sie sich selbst „fertig machen". Sie gehen fürsorglich und rücksichtsvoll mit sich um.

Sie tun sich selbst Gutes, sie behandeln sich selbst mit Respekt und Würde. Wenn sie merken, dass sie sich in eine Situation begeben haben, die ihnen schadet, dann beenden sie diese Situation so schnell wie möglich. Wenn sie einen Fehler gemacht haben, verurteilen sie sich nicht dafür, sondern akzeptieren, dass sie eben auch nur ein Mensch sind. Aber sie versuchen aus Ihren Fehlern zu *lernen*.

Um es kurz zu machen: **Sie lieben sich selbst.**

Dabei handelt es sich allerdings nicht um jene egozentrische Weltanschauung, bei der sie andere Menschen und deren Bedürfnisse völlig ausblenden.

Sie achten ganz einfach darauf, was Ihnen selbst gut tut.

Sie umgeben sich mit Menschen, die Ihnen gut tun. Sie haben sich einen Beruf ausgesucht, der ihren Talenten entspricht und Ihnen Spaß macht. Sie tun Dinge, die Ihnen Freude bereiten. Sie haben Hobbys, die sie erfüllen und glücklich machen.

Sie achten auf ihre Bedürfnisse und handeln so, dass sich ihr Leben und ihre Bedürfnisse im Einklang miteinander befinden. Sie kennen auch ihre Schwächen und akzeptieren sie. Sie wissen, wie sie damit umzugehen haben.

Was ihre Beziehungen zu Männern angeht, sind sie _selektiv_

Bevor sie sich auf einen Mann einlassen, lernen sie ihn zuerst einmal intensiv kennen und entscheiden erst dann, ob sie etwas mit ihm beginnen, oder nicht. Sie lassen sich auf keine vorschnellen, sexuellen Geschichten ein und wenn doch, sind sie sich schon im Vorfeld darüber im Klaren, dass sie nur das wollen: eine kurze Geschichte mit Sex. Solche Geschichten beenden *sie* dann – weil sie sich ohnehin nichts Ernstes davon erhofft haben.

Sie verlassen die Männer, wenn sich herausstellt, dass ihnen die Beziehung nicht gut tut..

Sie verlieren niemals die Achtung und den Respekt vor sich selbst undsie lassen es nicht zu, dass jemand sie respektlos behandelt.

Es ist erstaunlich, aber im Laufe der vielen Jahre, in denen ich mich mit dem Thema Frauen und Beziehungen auseinandergesetzt habe, stellte ich immer wieder fest:

**Ein Mensch wird von seinen Mitmenschen immer so be-
handelt, wie er sich selbst behandelt.**

Wenn er auf sich und seine Bedürfnisse achtet, und das auch durch
seine äußere Erscheinung zum Ausdruck bringt - dann wird er
auch von anderen Menschen beachtet und geachtet.

Wenn er gut zu sich selbst ist, wenn er seine Wünsche und Vorstellungen ernst nimmt, dann behandeln ihn auch seine Mitmenschen
gut und nehmen ihn ernst.

**Das Geheimnis, von anderen geachtet, respektiert und
geliebt zu werden liegt also im Grunde darin,
sich selbst zu achten, zu respektieren und zu lieben.**

**Sich von anderen, insbesondere von Männern,
Zuneigung und Respekt zu wünschen,
ist nur ein leerer Traum – solange Sie keine Achtung
und keinen Respekt vor sich selbst haben!**

Übung

Schreiben Sie sich auf einem Zettel eine Liste mit zwei Spalten.
Über die eine Spalte schreiben Sie „Negative Eigenschaften", über
die andere „Positive Eigenschaften".

Dann tragen Sie all Ihre Eigenschaften und Charakterzüge in diese
Liste ein und ordnen sie entweder der „negativen" oder der „positiven" Seite zu.
  Wenn Sie z. B. sehr perfektionistisch veranlagt und der Meinung
sind, sie „wollen immer alles perfekt haben", dann tragen Sie

„Perfektionismus" in eine der Spalten ein - je nachdem, ob sie das als negativ oder positiv an Ihnen wahrnehmen.

Wenn Sie ein offener und ehrlicher Mensch sind, der schnell auf den Punkt kommt, tragen sie „Offenheit" in eine der Spalten ein. Schreiben Sie sich jetzt bitte auf, welche Ihre charakterlichen Eigenschaften sind und teilen Sie sie in Negativ und Positiv auf. Dabei geht es *nicht* darum, wie diese Eigenschaften wohl auf andere wirken *könnten*, oder in der Vergangenheit gewirkt haben, sondern nur, wie Sie diese Eigenschaften selbst beurteilen. Negativ sind solche, die Sie selbst als störend empfinden. Positiv sind die, die Sie an sich mögen.

Haben Sie die Liste fertig?

Haben Sie mehr Eigenschaften auf der negativen oder mehr auf der positiven Seite stehen?

**Diese Liste stellt recht genau
Ihre Einstellung zu sich selbst dar.**

Bei der Übung geht es nun um Folgendes:

Schauen Sie sich Ihre vermeintlich „negativen" Eigenschaften an, und versuchen Sie, etwas Positives darin zu entdecken.

Ein Beispiel:

Wenn Sie sehr impulsiv sind und sich manchmal einfach „zu schnell" für Dinge begeistern oder sich neuen Bekanntschaften hingeben, dann muss das nicht negativ sein.

Vielleicht wurden Sie durch diesen Charakterzug schon öfters enttäuscht oder sogar durch andere Menschen verletzt, aber der Punkt ist, dass diese Eigenschaft *an sich* nicht negativ ist.

In anderem Licht betrachtet, zeugt diese Eigenschaft von Ihrer Spontanität, von Ihrer Begeisterung neuen Dingen gegenüber. Sie zeugt von Ihrer Lebensfreude! Sie ist insofern etwas *sehr Positives*, nur sollten Sie lernen, besser mit dieser Eigenschaft umzugehen. Sie sollten sich ihrer bewusst werden und sie dann als ein Teil von sich selbst akzeptieren und sie vor allem *mögen*!

Nehmen Sie sich Ihre „negativen" Eigenschaften Punkt für Punkt vor und entdecken Sie die positiven Seiten daran.

Am Ende sollten Sie nichts mehr auf der „Negativ-Seite" stehen haben, sondern alle schlechten Eigenschaften „übersetzt" haben in etwas Positives. Allerdings mit dem Vermerk, worauf Sie dabei achten sollten. Was Sie eventuell noch dabei lernen müssen.

Sie werden nicht von heute auf morgen sämtliche negativen Charakterzüge an Ihnen in positive umwandeln können, aber bewahren Sie sich diese Liste gut auf und arbeiten Sie immer wieder mit ihr! So werden Sie nach und nach zu einer Frau, die sich selbst kennt und schätzt. Glauben Sie mir, der positive Umgang mit sich selbst ist Balsam für die Seele.

„Um zu werden, wie man sein will, muss man erst sein wollen, wie man ist."

- Laotse -

Was für einen Mann wollen Sie eigentlich?

Welche Art von Mann wollen Sie eigentlich?
Haben Sie sich diese Frage schon einmal gestellt?

Viele Frauen, die ich kennengelernt habe, wissen eines sehr genau:
Sie wissen vor allem, was sie _nicht_ wollen.

Sie wollen:

- Keinen Raucher
- Keinen Alkoholiker
- Keinen Mann, der fremdgeht
- Keinen Mann, der faul ist
- Keinen Mann, der Kinder nicht mag
- Keinen Mann, der sie respektlos behandelt
- keinen Mann, der seine Rechnungen nicht bezahlen kann

Nun, das Problem bei dieser Aufzählung ist, dass das menschliche Gehirn das Wort _kein_ nicht kennt. In Ihrem Unterbewusstsein sind diese starken Wünsche, _nicht schon wieder_ einem Trinker oder unreifen Mann zu verfallen, aber überaus mächtig.

Allerdings kennt das menschliche Gehirn keine Negativ-Formulierungen.

Es interpretiert Ihre Wünsche, die tief in Ihnen sitzen, als Wünsche ohne jenes „kein" oder „nicht". Ihr Unterbewusstsein deutet diese Wünsche also folgendermaßen:

- Sie wollen einen Raucher
- Sie wollen einen Mann, der Sie respektlos behandelt
- Sie wollen einen Mann, der Sie ausnutzt
- Sie wollen einen Mann, der keine Kinder mag

Und so weiter …

Die Wünsche in Ihrem Unterbewusstsein haben eine sehr realistische Macht, wahr zu werden!

Sie werden sehr oft das bekommen, was sie eigentlich nicht wollen. Einfach, weil ihr Unterbewusstsein das Wort „kein" oder „nicht" einfach ignoriert.

Sehr häufig landen wir Menschen immer wieder in den gleichen, verhassten Situationen - wieder und wieder. Obwohl wir uns doch explizit wünschen, nicht mehr in diese Situation zu geraten. Es scheint, als wären wir manchmal mit einem bösen Fluch belegt … Und das liegt schlicht und einfach daran, dass wir uns dem zuwenden, was wir nicht wollen.

Konzentrieren Sie sich stattdessen darauf, was sie wollen!

Und formulieren Sie diese Vorstellungen *positiv*.
Sie wollen nicht mehr von Männern ausgenutzt werden?
Dann sagen Sie sich:

- Ich will einen Mann, der respektvoll mit mir und anderen Menschen umgeht

Sie wollen nicht die „Mama" bei einem Mann spielen und ihn versorgen? Dann sagen Sie sich:

- Ich will einen selbstständigen Mann, der sein eigenes Geld hat und damit auch umgehen kann

Sie wollen keinen Mann, der nur seine Arbeit und sonst nichts im Kopf hat? Nun, formulieren Sie es positiv:

- Ich will einen Mann, der auch häuslich ist und Sinn für Familie und Geborgenheit hat.

Das Wichtigste, um in Beziehungen glücklich und erfüllt zu sein, ist, sich seiner Vorstellungen von einem passenden Partner bewusst zu werden.

Sie sollten sich darüber im Klaren sein, welche Art von Mann Sie suchen, und zwar noch bevor Sie etwas mit einem Mann beginnen.

Dann werden Sie auch nicht mehr in die zerstörerische Falle des „Männer-Veränderns" tappen. Oft versuchen Frauen nämlich einen Mann Ihren Vorstellungen gemäß „umzufunktionieren".

Leider gelingt so etwas nicht und wird auch niemals gelingen. Menschen lassen sich nicht von anderen Menschen verändern - schon gar nicht von Ihrem Partner.

Nun, wie sollte er also sein, ihr Traummann?

Er sollte auf einem weißen Pferd daher galoppiert kommen und Ihnen die Sterne vom Himmel holen?

Spaß beiseite, aber wissen Sie eigentlich, welche Art Mann Sie sich

wünschen, welche Eigenschaften dieser Mann haben sollte?
Oder fühlen Sie sich vielleicht immer wieder zu den „falschen"
Männern hingezogen?

Ein einfacher Trick, wenn Sie sich nicht im Klaren darüber sind,
was Sie sich von einem Mann *wirklich* wünschen, funktioniert so:

Stellen Sie sich den denkbar schlimmsten Ehemann vor, den es für
Sie geben könnte. Malen Sie sich aus, wie dieser Mann Sie behandeln würde. Versuchen Sie, sich in eine solche „Horrorehe" hineinzuversetzen und zu *fühlen*, wie es ist, mit einem solchen Ekel verheiratet zu sein.

Fahren Sie in Gedanken mit ihm in den Urlaub, wie verhält sich ihr
persönlicher Schrecken von einem Mann?

Wie ist es, mit ihm zusammenzuwohnen? Was macht dieser Mann
beruflich? Arbeitet er überhaupt?

Wie steht er zu Kindern, wie verhält er sich Ihrer Familie gegenüber, wie sind die Verhältnisse in seiner eigenen Familie?

Wie ist sein Verhältnis zu Ordnung und Sauberkeit?

Malen Sie sich dieses Schreckensszenario einer Ehe möglichst
detailliert und in allen Einzelheiten aus. Sie können dafür natürlich
auch auf sämtliche negativen Erfahrungen mit Männern aus der
Vergangenheit zurückgreifen.
Heben Sie vor allem die Dinge hervor, die in Ihnen den größten
Horror hervorrufen.

Schreiben Sie sich also bitte jetzt diese „grauenvolle Ehe" in allen Einzelheiten auf und lesen Sie erst weiter, wenn Sie damit fertig sind.

Jetzt schauen Sie sich Ihren Albtraum einer Ehe an und achten Sie vor allem auf die Dinge, die Sie an dem fiktiven Kotzbrocken von Ehemann am meisten stören, bei denen es Ihnen kalte Schauer über den Rücken jagt.

Gut, und nun möchte ich, dass Sie diese „Ehe des Grauens" auf einem anderen Blatt Papier umwandeln in eine „Partnerschaft Ihrer Träume".

Beschreiben Sie, wie eine Beziehung ist, in der Sie rundum glücklich und zufrieden sind.

Wie verhält sich Ihr Mann? Wie sieht er aus? Aus welchen Verhältnissen kommt er? Ist er gebildet? Handwerklich begabt? Hat er Sinn für Romantik? Will er täglich mehrfach Sex, oder gibt er sich auch mit weniger zufrieden? Ist er eher nachdenklich, zurückhaltend oder offen und „gerade heraus"? Will er viele Kinder oder vielleicht gar keine?

Das, was wir am meisten hassen, gibt uns oft sehr genaue Hinweise darauf, was wir uns tief in unserem Inneren wünschen.

Deswegen sollten Sie sich zuerst vor Augen halten, was Sie *nicht* wollen und diese Hinweise dafür nutzen, herauszufinden, was sie *wirklich* wollen.

Und von nun an können Sie sich diesen Mann regelrecht „herbei denken" - indem Sie sich bewusst gemacht haben, welche Art Mann Sie sich wünschen. Und zwar mithilfe von *positiven* Formulierungen - negative bewirken nämlich nur das Gegenteil. Ihre Gedanken haben eine enorme Auswirkung auf Ihre Realität, unterschätzen Sie niemals die Macht Ihrer Gedanken und Wünsche!

Vor allem aber können Sie sich einen Mann selektiv aussuchen, indem Sie überprüfen, ob er Ihren Vorstellungen entspricht.

Und zwar noch *bevor* Sie sich ernsthaft auf ihn einlassen.

Sollte ihr derzeitiger Partner dem Bild des „Horror-Ehemanns" erschreckend ähnlich sein, sollten Sie sich vielleicht ernsthafte Gedanken machen. Eine Trennung kann manchmal der Schritt in ein glücklicheres Leben bedeuten

> ## „Die meisten Frauen wählen ihr Nachthemd mit mehr Verstand als ihren Mann.."
>
> - Jacqueline du Pré -

So bewirken Sie in zwei Schritten Sympathie und Anziehung

Eine gute Freundin von mir ist in einer Branche tätig, in der es vor allem darum geht, die Sympathie und das Vertrauen eines Menschen in möglichst kurzer Zeit zu gewinnen. Sie ist eine äußerst erfolgreiche Verkäuferin von Immobilien.

  Sie erklärte mir eine Methode, die verblüffend einfach, aber sehr effektiv ist, wenn es darum geht, sehr schnell von einem fremden Menschen „gemocht" zu werden und sein Vertrauen zu gewinnen.

Sie macht vor allem eins: *sie hört den Menschen zu.*

Sie lässt sie von sich selbst erzählen, von Ihren Problemen im Job, Ihren Erlebnissen im letzten Urlaub, Ihrem Gesundheitszustand usw. Sie versucht sich selbst zurückzunehmen und ihr Gegenüber in den Vordergrund des Gesprächs zu rücken. Allerdings lässt sie sich nicht nur passiv berieseln von den Monologen ihres Gesprächspartners, sondern versetzt sich dabei in den anderen Menschen hinein und stellt sich vor, wie er sich wohl im Moment fühlt. Worauf er Wert legt, was ihm wichtig ist im Leben.

Während sie sich in ihr Gegenüber hineinversetzt, versucht sie durch gezieltes Fragen noch mehr über z. B. den letzten Urlaub oder die Eheprobleme herauszufinden - ohne aber dabei neugierig oder aufdringlich zu wirken. Sie macht es auf eine natürliche und sehr menschliche Art. Dabei geschieht bei ihrem Gegenüber wundersamerweise Folgendes:

Der vorher noch fremde Mensch fühlt sich vertraut, aufgehoben.

Denn er spürt, dass er *verstanden* wird.

Durch dieses „Sich-verstanden-fühlen" hat er den Eindruck, als würde er meine Freundin schon eine Ewigkeit kennen. Und dadurch fasst er wie selbstverständlich auch Vertrauen zu ihr. Innerhalb dieses Vertrauensverhältnisses, das jetzt entstanden ist, entwickelt sich in kürzester Zeit eine enorme Sympathie - mit Sympathie stehen einem bekanntlich alle Türen offen.

Nachdem Sie mir davon erzählt hatte, fing ich an, dieses „aktive Zuhören" auch in mein Leben einzubauen.

Sie glauben gar nicht, wie viele Menschen auf einmal meine Freunde sein wollten! Es war wirklich ein Phänomen.

Denn Menschen wollen vor allem eins im Leben:

Sie wollen, dass sich jemand für sie *interessiert*. Für all ihre Geschichten, ihre Erlebnisse und Erfahrungen. Sie möchten, dass jemand an ihrem Leben *teil* hat, also das, was sie zu erzählen haben, mit ihnen *teilt*. Und sie daraufhin nicht mit guten Ratschlägen oder gar Verurteilungen versorgt, sondern einfach ein ernst gemeintes Interesse an dem hat, was den anderen Menschen beschäftigt.

Meine Freundin, die Immobilien-Maklerin, wirkt auch auf Männer sehr anziehend. Sie sieht nicht unbedingt aus wie ein Supermodel, aber ihre Wirkung auf Männer ist geradezu magnetisch. Sie hatte bisher auch keine nennenswerten Probleme in ihren Beziehungen, sie wurde noch nie von einem Mann betrogen oder ausgenutzt.
  Als ich sie fragte, was sie eigentlich macht, wenn sie einen Mann

kennenlernt, war ich sehr erstaunt über ihre Antwort.

Sie wendet die Technik des aktiven Zuhörens auch in Verabredungen mit Männern an. Allerdings fügt sie dem Ganzen noch ein wichtiges Detail hinzu:

Zuerst einmal lässt sie einen Mann von sich erzählen. Sie lässt ihn also erst einmal sein „Ich-will-dich-beeindrucken"-Ritual abspulen. Gleichzeitig versetzt sie sich in den Mann hinein und fragt sich, was wichtig für ihn ist, welche Werte für ihn von Bedeutung sind. Welche Vorlieben und Abneigungen er hat. Was er vom Leben erwartet, woran er Interesse hat usw. Sie stellt immer wieder Fragen zu Themen, die ihm wichtig sein könnten, aber auch zu Themen, die für Sie selbst wichtig sind. Sie „interviewt" ihn indirekt, allerdings auf eine humorvolle und lockere Art.

Sie fragt ihn Dinge wie: „Welche Art von Menschen löst Respekt in Dir aus?" „Versuche Dich mal zu beschreiben: Wenn Du ein Tier wärst, welches wärst Du dann?"

Das führt dazu, dass er ernsthaft in sich selbst hineinhorchen muss, um diese Frage zu beantworten. Er bekommt das Gefühl, dass sie sich wirklich für ihn und seine Weltanschauung interessiert. Männer fühlen sich dadurch wie elektrisiert.
  Gleichzeitig erfährt Sie einiges sehr Interessante über ihn und seinen mentalen Zustand.

Sie lässt ihn einfach von sich plaudern und zeigt sich dabei sehr interessiert. Während der Mann sich durch ihr ernsthaftes Interesse an seinem Leben schon einmal geschmeichelt fühlt, ändert sie innerlich ihre Perspektive wieder und kehrt zurück in Ihre eigene Weltanschauung. Sie fragt sich innerlich, welche der Meinungen und Ansichten des Mannes sie unterstreichen kann und was Sie daran vielleicht anders sieht. Sie fragt sich, was dieser Mann und seine Geschichten bei ihr auslösen. Sie beginnt, Ihrer inneren Stimme zuzuhören, die ihr recht schnell zu verstehen gibt, wie dieser Mann *wirklich* fühlt, was er will und welche Absichten er hegt.

Durch die „Reise in die Perspektive des Mannes" lernt sie den Mann *objektiv* kennen und lässt sich nicht blenden oder verunsichern von seinem Auftritt. Gleichzeitig nimmt der Mann sie als eine mitfühlende und sympathische Frau wahr, bei der er sich einfach wohlfühlt. Durch die „Rückkehr in ihre eigene Welt" hat sie sich ein *objektives* Bild von der Lage gemacht: Sie kennt die Perspektive des Mannes und ihre eigene Reaktion darauf. Und zwar von Anfang an.

Sie werden zugeben müssen, dass Objektivität wohl das Wichtigste ist, das man sich - gerade in emotionalen Angelegenheiten - bewahren sollte. Es ist keine leichte Aufgabe, aber wenn Sie sie durch Übung beherrschen lernen, werden Sie eines Tages ein echter Profi darin sein. Üben Sie diese Technik, so oft es geht, mit neutralen Personen, also nicht sofort an Männern, für die Sie ein weitergehendes Interesse verspüren. Versuchen Sie so oft es geht, in Gesprächen mit Menschen Ihre Perspektive von „Ich" auf „Du" umzuschalten. Versuchen Sie, sich in die Lage ihrer Mitmenschen zu versetzen. Sie werden erstaunt sein, wie wohlwollend Menschen Ihnen gegenüber auf einmal reagieren. Sie öffnen sich Ihnen von ganz alleine und fühlen sich sichtlich wohl dabei. Es herrscht eine vertraute Atmosphäre, in der sich ihre Mitmenschen entspannen und sich Ihnen mitteilen.

Der quälende Klassiker unter den Fragen, die sich Frauen immer wieder stellen: „Was denkt er?" und das Grübeln darüber, was er wohl für einen empfinden mag, können Sie sich im Prinzip selbst beantworten - wenn Sie sich von Anfang an ein objektives Bild von ihm machen und sich in ihn hinein versetzen.

Bewahren Sie sich Ihre Objektivität! Es ist nicht einfach, ich weiß. Aber wenn Sie diese Übung immer wieder in Gesprächen mit anderen Menschen ausprobieren, dann schaffen Sie es irgendwann auch, sich sehr schnell von Anfang an in einen Mann hineinzuversetzen. Sie werden es dadurch im Laufe einer Beziehung wesentlich einfacher haben.

> **„Wenn Sie wirklich zuhören,
> dann geschieht dabei ein Wunder.
> Das Wunder besteht darin,
> dass Sie ganz bei dem sind,
> was gesagt wird,
> und gleichzeitig Ihren
> Reaktionen lauschen.
> Nur wenn man wirklich zuhört,
> vernimmt man das Lied,
> das sich hinter den Worten verbirgt."**

- Der Dalai Lama -

Keep it Simple - der natürliche Weg

Allerdings sind Männer im Grunde sehr einfach gestrickt und wie in vielen anderen Bereichen des Lebens auch, sind die einfachen „Methoden" oft die effektivsten.

Von den vielen, vielen Geschichten, die ich von Frauen gehört habe und durch die vielen Gespräche mit Ihnen über das „leidige Thema Männer" ist mir vor allem eins aufgefallen:

Frauen neigen dazu, sich zu viele Gedanken zu machen.

Gedanken darüber, ob sie etwas falsch gemacht haben könnten, warum sich der Mann heute nicht gemeldet hat, wie er dies oder jenes gemeint haben könnte, warum er sich heute nicht mit ihnen treffen will und so weiter.

Ich kann Ihnen dazu nur Folgendes sagen:

Wir Männer sind sehr einfach gestrickt, viel einfacher als Sie es ahnen. Vieles von dem, was wir sagen oder wie wir uns verhalten, ist nur deshalb so verwirrend, weil wir einen anderen Zugang zu unserer Gefühlswelt haben und wir von diversen Hormonen ein paar mehr und von anderen ein paar weniger im Blut haben als Sie.

Im Grunde sind Frauen uns weit voraus, denn Sie verfügen über eine Eigenschaft, die uns nahezu gänzlich fehlt:

Intuition

Grundsätzlich gibt es drei Wege, wie Frauen einen Mann wahrnehmen und sich ein Bild von ihm machen:

Die Rationale

Also mit dem rein funktionalen und nach Logik suchenden Verstand. Leider wird das in zwischenmenschlichen Dingen und gerade im Hinblick auf Männer nur bedingt funktionieren. Ihre Gedanken werden sich auf Vieles keinen Reim machen können, da sich ein Mann aus Ihrer weiblichen Sicht einfach „unlogisch" verhält. Daraus folgt im schlimmsten Fall ein ewiges und zermürbendes „Grübeln": Ihr Verstand versucht krampfhaft eine Lösung für ein Problem zu finden, für das es eigentliche keine Lösung gibt. Zumindest keine, die man mit ewigem „darüber Nachdenken" finden könnte. Über einen Mann nachzudenken, ihn mit dem Verstand erfassen zu wollen, ist eine äußerst ineffektive Methode, weil Sie meistens - außer zu Kopfschmerzen und Schlaflosigkeit- zu keinen wirklich brauchbaren Ergebnissen führt.

Die Emotionale

Also mit Ihren Gefühlen, mit Ihrem Herzen. Auch Ihre emotionale Reaktion auf einen Mann wird ihn nicht objektiv erfassen können. Emotionen, die in uns von einem anderen Menschen ausgelöst werden, „verfälschen" die Wahrheit über ihn. Die anfängliche Emotion einem Mann gegenüber kann von Begeisterung und Bewunderung oder auch von unergründbarer Abneigung geprägt sein.

Beides sagt *nichts* über seine wahre Natur und seine Absichten aus. Er könnte ein wirklich netter Kerl mit einem guten Herzen sein, er könnte aber auch ein durch und durch schlechter Mensch sein, der aber durch einen gewissen Charme genau die richtigen „emotionalen Knöpfe" bei Ihnen zu drücken weiß. Gefühle sind auch oft vorbelastet durch negative Erlebnisse in der Vergangenheit oder durch eine extreme Erwartungshaltung Ihrer neuen Bekanntschaft gegenüber. Insofern ist auch die emotionale Sichtweise auf einen Mann nicht unbedingt die Beste.

Die Intuitive

Das sogenannte „Bauchgefühl". Das ist die Summe aus all Ihren Sinnen und dem Emotionalen und dem verstandesmäßigen Betrachten eines Mannes. Allerdings ist die Intuition eine Methode, die nicht anstrengt und bei der Sie nicht ewig grübeln müssen. Ich kenne einige Frauen, bei denen die intuitive Wahrnehmung hellwach ist. Sie vertrauen ganz einfach ihrem Inneren, sie urteilen über einen Menschen weder rational, noch stecken sie ihm gegenüber in einer emotionalen Falle fest. Sie spüren ganz einfach, was in einem Mann los ist, welche Absichten er hat, wie es um seine emotionale Reife bestellt ist.

  Neben der offensichtlichen Erleichterung, die diese Methode bietet, führt sie vor allem dazu, dass diese Frauen ungemein attraktiv auf Männer wirken. Denn ein Mann spürt sehr schnell, wenn sich eine Frau der Macht ihrer weiblichen Intuition bedient. Das löst bei ihm einen enormen Respekt aus.

Die meisten Frauen haben ein unglaubliches Potenzial zur Entfaltung ihrer Intuition. Nur haben es Viele schlichtweg verlernt oder vergessen, ihrem „Bauchgefühl" zu vertrauen. Sie rationalisieren über Vieles einfach hinweg.

„Ach, ich glaube, er hat momentan einfach noch zu viele Probleme, um sich ernsthaft auf mich einzulassen. Aber sobald er seine Probleme gelöst hat, wird er sich auch ernsthaft auf eine Beziehung mit mir einstellen können."

„Naja, ich habe mich ja auch blöd beim letzten Date angestellt, er denkt vielleicht, ich wäre zu anhänglich. Ich werde ihm jetzt beweisen müssen, dass ich gar nicht anhänglich bin, dann wird er bald offen für eine liebevolle und lange Beziehung sein."

„Er hat gesagt, er ist momentan nicht bereit für eine Beziehung, aber vielleicht ist er es ja bald? Ich gebe so schnell nicht auf."

Vielleicht kommen Ihnen diese Aussagen bekannt vor, ich habe sie schon Hunderte Male gehört. Und jedes Mal kam am Ende nur eins dabei heraus: Nach einer langen und quälenden Phase des Nachdenkens und Grübelns verschwand der Mann dann eines Tages über alle Berge.

Was war falsch gelaufen?

Mutter Natur hat Frauen mit einer besonders großen Portion von intuitiver Wahrnehmung ausgestattet - sie ist überlebenswichtig. Frauen müssen spüren, was in den Menschen ihrer Umgebung vor sich geht - wenn ihr Kind ein ernsthaftes Problem hat, muss eine Frau frühzeitig alarmiert sein. Sie muss aus dem Bauch heraus fühlen können, dass ihr Kind ein seelisches oder auch körperliches Problem hat -, um ihm so schnell wie möglich helfen zu können.

Genauso schnell und effektiv kann eine Frau spüren, wie es um die

Absichten oder den mentalen Zustand eines Mannes bestellt ist. Während der vielen Jahre, in denen ich mich mit dem Thema beschäftige, habe ich immer wieder die Neigung der Frauen bemerkt, die Absichten oder die Gefühle von Männern mit ihren *Gedanken* zu beurteilen. Sie grübeln tagelang über jedes Detail, jedes Wort nach, das ein Mann von sich gegeben hat. Dabei beabsichtigte der Mann mit diesem kleinen Detail meistens nur eins:

Rein gar nichts.

Wir Männer haben in den seltensten Fällen irgendwelche Strategien auf Lager, oder spielen ausgeklügelte Spiele mit einer Frau, die sie durch tagelange Denkarbeit durchschauen könnte.

Und weil das reine Grübeln noch nicht genug anstrengt, fangen sie dann auch noch an, sich selbst dafür zu verdammen. „Ich bin so blöd, warum denke ich nur die ganze Zeit darüber nach? Warum verkrampfe ich mich innerlich derartig? Und alles nur wegen dieses Kerls, der es wahrscheinlich sowieso nicht wert ist!"

Liebe Damen, ich bitte Sie nur um eine Sache: Nutzen Sie Ihre weibliche Intuition! Diese wird Ihnen sehr schnell sagen, ob es ein Mann ernst mit Ihnen meint oder nicht.

Vielleicht haben Sie ja eine Frau in Ihrem Freundeskreis, die über einen ausgeprägten, intuitiven Spürsinn verfügt. Meistens haben solche Frauen immer auch eine „Ratgeber-Funktion"; ihre Freundinnen und Freunde fragen sie gerne, wenn sie selbst nicht mehr weiter wissen. Beobachten Sie einmal, wie sich diese „Intuitions-Freundin" Männern gegenüber verhält und wie selbstbewusst sie dabei wirkt. Versuchen Sie herauszufinden, wie sie das bewerkstelligt. Fragen Sie sie aus, fragen Sie sie, wie Sie selbst an diese Areale Ihres Daseins gelangen können. Ich persönlich kenne einige solcher Frauen und ich bin immer wieder beeindruckt, wie sie Dinge intuitiv „vorausahnen". Wie gut ihre Menschenkenntnis funktioniert. Diese Frauen wirken wirklich sehr attraktiv auf Männer - allein durch ihre bloße Anwesenheit. Wenn ich sie frage, wie sie das machen, bekomme ich immer wieder dieselbe, im Prinzip simple Antwort:

„Ich höre auf meine innere Stimme. Die sagt mir sehr genau, wie es um einen Mann mental bestellt ist."

In dem Buch „Blink! Die Macht des Moments" von Malcolm Gladwell beschreibt der Autor sehr eindrucksvoll, wie man schon innerhalb weniger Minuten einen Menschen einschätzen kann. Ein hochinteressantes Buch, wenn Sie sich für diese Materie interessieren.

So bekommen Sie gute Laune – auch wenn Sie schlecht drauf sind

Die *Basis*, also der Anfang jeder Beziehung, sollte freundlich und mit einer positiven Grundstimmung begonnen werden. Gehen Sie in ein Date immer mit einer freundlichen und bejahenden Grundstimmung und Sie haben den ersten Schritt getan, um von einem Mann als jemand wahrgenommen zu werden, der sein Leben gerne lebt. Menschen lieben gut gelaunte Menschen und lassen sich von Ihrer guten Laune anstecken.

Wenn Sie gerade völlig unter Stress stehen, wenn Sie gerade eine „Lebenskrise" durchmachen, wenn Sie gerade von Ihrem Freund verlassen wurden oder finanzielle Schwierigkeiten haben, sollten Sie sich vor einem Date dennoch in eine positive Stimmung versetzen.

Nun, wie geht das? Vor allem, wenn es einem gerade *nicht* so gut geht?

Dazu nehmen Sie sich ein wenig Zeit und machen es sich an einem ungestörten Ort in Ihrer Wohnung gemütlich. Versuchen Sie sich an eine Situation, eine Phase ihres Lebens zu erinnern, in denen es Ihnen gut ging. In der Sie gerne unter Leuten waren, in der Ihnen das Leben Spaß machte. Stellen Sie sich z. B. Ihren letzten, wirklich schönen Urlaub vor. Oder ein angenehmes Treffen mit all Ihren Freunden. Schließen Sie die Augen und begeben Sie sich in Ihrer Fantasie zu jenem Ort und in jene Zeit, die Sie mit erfreulichen und wohltuenden Gefühlen verbinden.

Stellen Sie sich diese Phase genau vor, reisen Sie in Ihrem Inneren zurück in diese Situation. Versuchen Sie zu *fühlen*, wie es damals war. Wie roch die Luft? Wie warm oder kalt war es? Hören Sie die Vögel singen? *Versetzen* Sie sich in diese Stimmung hinein. Fühlen Sie sie. Um es noch authentischer zu gestalten, hören Sie sich die Musik an, die Sie mit dieser Zeit verbinden oder schauen Sie sich die Fotos dieser „guten alten Zeit" an.

Wenn Sie sich dieses angenehme Gefühl jetzt aus der Vergangenheit „wiedergeholt" haben, verbinden Sie eine bestimmte Bewegung damit. Atmen Sie z. B. schnell dabei ein und aus, oder kneifen Sie sich in die linke Hand. Gleichzeitig *fühlen* Sie jenes angenehme und glückliche Gefühl aus der Vergangenheit.

Wenn Sie sich von nun an einem beliebigen Ort oder Zeitpunkt in die linke Hand kneifen und dabei an die glückliche Begebenheit aus der Vergangenheit denken, stellt sich bei Ihnen völlig automatisch gute Laune und eine angenehme Stimmung ein.

So kann man sich recht einfach in eine positive und beschwingte Stimmung versetzen - jederzeit. Es klingt vielleicht ein wenig seltsam, aber diese Technik funktioniert! Ich war selbst überrascht, als ich sie zum ersten Mal anwendete.

Treffen Sie sich mit Männern - zum Spaß

Wie wäre es, wenn Sie eine Zeit lang die Kontaktanzeigen in Zeitungen oder den Singlebörsen im Internet studieren und sich dann mit Männern verabreden - allerdings *ohne* irgendwelche Absichten?

Ein Date mit einem Mann unter der Voraussetzung, dass Sie sich *nicht* auf ihn einlassen - weder körperlich noch emotional - kann einen enormen Lerneffekt haben. Nutzen Sie die Technik des „aktiven Zuhörens", lassen Sie ihn von sich erzählen, zeigen Sie sich interessiert, aber …

… fangen Sie nichts mit diesem Mann an!

Sehen Sie solche Verabredungen als eine Chance, fremde Menschen und deren Verhaltensweisen zu studieren. Sehen Sie sie vor allem als eine Gelegenheit an, ihr eigenes Verhalten zu beobachten und zu überprüfen.

Es kann ein hochinteressanter Spaß sein, sich unter diesem Aspekt mit Männern zu treffen. Sie werden auf diesem Wege Einiges über sich selbst und das andere Geschlecht erfahren, das Sie sonst vielleicht niemals erfahren würden.

Die heutige Zeit mit Ihren kurzweiligen Beziehungen, hohen Scheidungsraten und dem allgemeinen Trend zur „Austauschbarkeit" von Menschen - sei es in der Arbeitswelt oder genauso in den Beziehungen zwischen Mann und Frau -scheint auf den ersten Blick traurig und frustrierend zu sein.

Allerdings bietet die hohe Single-Rate und die Sehnsucht der Menschen nach Zweisamkeit auch ungeahnte Möglichkeiten, um sich selbst und andere Menschen kennenzulernen - die Zeitungen und das Internet sind randvoll mit Kontaktanzeigen, voller denn je.

Nun: Nutzen Sie diesen „Vorteil"!

Sie könnten sich im Prinzip ihr Leben lang jeden Tag mit einem anderen Mann treffen - und Sie hätten das Reservoir an Männern immer noch nicht ausgeschöpft.

Allerdings, und das ist das Entscheidende, treffen Sie sich mit den Männern *zum Spaß* und nicht, weil Sie den Mann fürs Leben suchen.

Sie werden sich wundern, wie attraktiv Sie nur durch dieses kleine Detail auf Männer wirken! Lassen Sie sich aber nicht davon beeindrucken, sondern sehen Sie es auch weiterhin als eine amüsante und interessante Möglichkeit, sich selbst besser kennenzulernen.

Erst wenn Sie sich diese Entspanntheit in Bezug auf Männer und Verabredungen zu eigen gemacht haben, wenn diese Einstellung wirklich in Fleisch und Blut übergegangen ist - erst dann sollten Sie erwägen, mehr mit einem Ihrer Dates zu unternehmen.

Übrigens können sich auf diesem Wege auch Freundschaften mit Männern ergeben - platonische Freundschaften.

Es gibt zwar das alte Märchen, es gäbe keine Freundschaft zwischen Mann und Frau, aber ich kann ihnen garantieren, dass Freundschaften zum anderen Geschlecht sehr gewinnbringend sein können! Gerade, wenn es darum geht, herauszufinden, wie das andere Geschlecht denkt, handelt und fühlt. Außerdem werden Sie automatisch unverkrampfter und lockerer im Umgang mit Männern, wenn Sie diverse Freundschaften mit ihresgleichen pflegen.

Denken Sie immer daran:

Nicht jeder Mann ist auch ein potenzieller Partner.

Im Gegenteil, oft kann eine Freundschaft zu einem Mann viel mehr an zwischenmenschlichen Erfahrungen bringen, wenn man keine emotionale oder körperliche Beziehung beginnt. Vor allem werden sie in (freundschaftlichen) Gesprächen mit Männern Einiges an Wissen über das andere Geschlecht erlangen, das sie - sobald Sex und Emotionen mit ins Spiel kämen- vielleicht so nie ansammeln würden.

Will man mit einer Sache
ernsthaft weiterkommen,
dann kann man es sich
einfach nicht leisten,
Gefühle aufkommen zu lassen.

- Anne Fine -

Phase Zwei:
Die tiefere Ebene der Anziehung

Ihre positive Grundstimmung, die Bestätigung seines Egos und das „aktive Zuhören" ist die Basis für das, was in einem Mann das Gefühl auslöst, dass er sich ganz einfach *wohl bei Ihnen fühlt*. Er wird nicht verstehen, warum es ihm nach einem Treffen mit Ihnen so gut geht. Nach einem Treffen mit Ihnen hat er das Gefühl, er käme gerade von einer Massage. Er wird denken: Ich habe mich schon lange nicht mehr so entspannt und gut gefühlt, und das habe ich meiner neuen Bekanntschaft zu verdanken. Ich muss Sie einfach wiedersehen!

Sie haben ihn somit schon „an der Angel", allerdings geht es jetzt darum, ihn regelrecht süchtig nach Ihnen zu machen.

Und nun wird es Zeit für **Phase Zwei.**

Eine tiefer gehende und geradezu magische Anziehungskraft bei einem Mann erreichen Sie noch durch etwas anderes. Eine relativ simple, aber gleichzeitig hocheffektive „Methode", um einen Mann regelrecht verrückt nach Ihnen zu machen:

Beenden Sie Unterhaltungen, Treffen und Telefonanrufe immer als Erste

Das hört sich vielleicht wie ein Widerspruch zu dem an, was Sie bisher gedacht haben, aber es wirkt!

Sie werden überrascht sein über die Reaktionen, die Sie damit auslösen. Ein Mann wird sich fragen: „Mag sie mich nicht? Habe ich etwas falsch gemacht?"

Der Grund dafür ist, dass Sie ihm dadurch zu verstehen geben:

Sie haben die Kontrolle über Ihr Leben, Sie sind kein „williges und armes Opfer", Sie sind kein bedürftiges Wesen, das sich nach seiner Aufmerksamkeit sehnt. Sie sind ganz einfach beschäftigt, und wenn er Sie haben will, dann muss er etwas tun und dafür arbeiten. Sie versetzen sich damit in die Rolle, dass *Sie* diejenige sind, die *ihn* auswählt, und nicht umgekehrt. Und dafür, dass ihm die große Ehre zuteilwird, von Ihnen zum „Erwählten" erklärt zu werden, muss er eine Leistung vollbringen -, eine Art Liebesbeweis, der eben nicht nur aus ein paar Sprüchen besteht.

Genau das bringt einen Mann dazu, Sie zu respektieren und in Ihnen eine Frau zu sehen, die etwas Besonderes ist. Sein Eroberungstrieb wird damit erst so richtig entfacht. Sie glauben gar nicht, wie mächtig dieses kleine „Werkzeug" sein kann.

Es erzeugt eine Situation, in der *Sie* die Kontrolle haben. Wenn Sie damit anfangen, das bei *jedem* Anruf, *jedem* Treffen und *jeder* Unterhaltung zu tun, werden Sie geradezu geschockt sein über sein Verhalten.

Er wird Sie vielleicht fragen: „Was? Aber wir haben doch gerade so viel Spaß …!" „Wann kann ich Dich wiedersehen?" „Gefällt es Dir hier nicht?"

Beantworten Sie solche Fragen mit einem sehr freundlichen, aber selbstsicheren: „Ich fand es wirklich ganz ausgezeichnet hier (in diesem Restaurant, Café) und ich genieße die Treffen mit Dir immer sehr, aber ich bin sehr beschäftigt und muss noch diese Dinge erledigen. Wir telefonieren morgen, vielleicht habe ich am Wochen-ende Zeit und wir können uns treffen."

Er wird sich fragen: „Liebt Sie mich? Oder mag Sie mich nur? Was denkt Sie von mir? Hatte Sie Spaß?"

Wenn Sie sich zum ersten Mal leidenschaftlich und innig geküsst haben und er Sie fragt: „Was machst Du Morgen?", antworten Sie mit honigsüßer Stimme: „Tut mir leid, morgen habe ich schon et-was vor." Selbst wenn Sie gerade in Romantik und Anbetung für ihn versinken.

Indem Sie sich selbst rarmachen und sich ihm nicht einfach blind zu Füßen werfen, machen Sie sich zu einer außergewöhnlichen Frau. Bleiben Sie aber stets charmant und freundlich. Halten Sie sich weiterhin an die ersten Schritte und hören Sie ihm zu. Zeigen Sie sich weiterhin interessiert, aber eben sehr beschäftigt.

Sie erscheinen dadurch nah, aber unerreichbar.

Er wird versuchen, Sie mit Geschenken und Überraschungen zu beeindrucken, er wird alles Erdenkliche unternehmen, um Ihnen zu beweisen, dass er es ernst mit Ihnen meint - wenn er es ernst mit Ihnen meint. Wenn nicht, können Sie es ohnehin vergessen, oder wollen Sie sich auf jemanden einlassen, der sich nicht ernsthaft für Sie interessiert?

Wenn Sie das bei jedem Treffen und bei jedem Anruf machen, er-höhen Sie ganz einfach Ihren Wert. Das hört sich vielleicht nach einem billigen Psycho-Spielchen an, ist aber bei genauer Betrach-tung vor allem eins:

Sie demonstrieren damit, dass Sie es nicht nötig haben, einem noch fast fremden Mann hinterherzulaufen. Natürlich, Sie mögen ihn. Klar, Sie interessieren sich für ihn und seine Ansichten. Aber wenn er ernsthaft an Ihnen interessiert ist, muss er eben noch ein wenig an seiner „Eroberung" arbeiten.

Ich wiederhole mich ja nur ungerne, aber der Punkt ist:

Männer wollen Frauen erobern.

Und je schwieriger sich eine Eroberung herausstellt, umso mehr wird er dafür tun, sie auch zum Abschluss zu bringen.

Somit haben Sie das erreicht, was die Natur für uns vorgesehen hat: Sie lassen ihn sein Balzritual präsentieren. Und dieses Ritual besteht nun mal aus mehr, als nur ein paar netten Sprüchen oder einem teuren Anzug.

Und das weiß ein Mann sehr genau.

Sie müssen es ihm nur wieder vor Augen halten, denn die Wirren all der Jahre voller Emanzipation und „Frauenpower" haben ihn ein wenig durcheinandergebracht.

Wenn ein Mann zurückweicht,
weicht er zurück.
Eine Frau weicht nur zurück,
um besser Anlauf zu nehmen.

- Zsa Zsa Gabor -

Handeln Sie unvorhersehbar!

Um es zusammenzufassen: Wenn Sie zu sehr vorhersehbar für einen Mann werden, machen Sie sich uninteressant. Wir Menschen fühlen uns zu Dingen hingezogen, die geheimnisvoll sind. Zu Dingen, die wir nicht auf Anhieb begreifen können.

Deshalb sollten Sie in der Anfangsphase des Kennenlernens auch nicht Ihre gesamte Lebensgeschichte von sich geben. Bewahren Sie sich das ein oder andere Geheimnis für eine spätere Phase der Beziehung auf. Lassen Sie die Lücken in Ihrer Geschichte von seiner Vorstellungskraft füllen.

Erzählen Sie *nicht* von Ihren Enttäuschungen mit Männern, erzählen Sie auch nichts darüber, wie Sie sich eine perfekte Partnerschaft vorstellen, oder wie sehr Sie sich einen liebevollen Mann wünschen, der Ihre Bedürfnisse erfüllt. Es macht Sie wesentlich interessanter für einen Mann, wenn Sie diese Details für sich behalten. Ein Mann wird Ihre Persönlichkeit und Ihren Charakter versuchen zu entschlüsseln, wenn Sie ihm diese Dinge vorenthalten.

Er wird *Sie* eines Tages fragen, was Sie sich unter einer erfüllenden Beziehung vorstellen. *Er* wird *Sie* fragen, was Sie sich von einem Mann wünschen.

Und er wird sich vor allem selbst fragen, wie er Sie wohl „bekommen" kann – vorausgesetzt, Sie erzählen ihm nicht alles von sich. Er wird Sie als ein „Mysterium" wahrnehmen - und genau das macht eine Frau unendlich attraktiv. Er wird dieses Mysterium bekommen wollen, koste es, was es wolle.

Tun Sie ein paar Dinge, mit denen er nicht rechnet:
Lassen Sie bei einem Spaziergang seine Hand los und sagen: „Das geht mir jetzt aber ein bisschen zu schnell!", und lächeln ihn dabei verführerisch an.

Wenn er Sie küssen will, sagen Sie „Nein", aber ein paar Minuten später küssen Sie ihn - einfach weil *Ihnen* jetzt danach ist.
Auch Ihre Gefühle für ihn sollten Sie ihm nicht auf dem Silberteller präsentieren.

Fragen, wie:

„Triffst Du Dich momentan noch mit einer anderen Frau?"
„Was denkst Du über das Heiraten?"
„Willst Du Kinder?"
„Was fühlst Du mir gegenüber?"
„Sehe ich in dieser Hose fett aus?"

… sollten Sie tunlichst für sich behalten. Sie lassen Sie nämlich in einem Licht der Unsicherheit und Bedürftigkeit erscheinen, vor allem spürt er dadurch sehr schnell, wie es um Ihre Gefühlswelt bestellt ist.

Deswegen begehen Sie niemals den Fehler und teilen Ihre Emotionen einem Mann *zu früh* mit!

Männer mögen es, wenn eine Frau ihnen Aufmerksamkeit schenkt, aber nicht am nächsten Tag schon wieder anruft.
Das Wechselspiel also aus „ich finde dich wirklich interessant" und „ich bin aber nicht abhängig von dir" - das ist es, was jeden Mann

begeistert und eine Frau für lange Zeit attraktiv macht.

Ein Mann empfindet eine Frau vor allem dann attraktiv, wenn er sie *nicht* kontrollieren kann. Wenn sie ihre Spontanität, Ihre Lebendigkeit bewahrt. Eröffnet Sie ihm aber all Ihre Gefühle – sowohl die negativen als auch die positiven - zu schnell, wird er Ihre beginnende Abhängigkeit von ihm spüren.

Männer finden Frauen attraktiv, die eine *Herausforderung* sind. Diese Herausforderung hat sich in dem Moment erledigt, in dem Sie ihn mit Ihrem Überschwang an Gefühlen konfrontieren.

Männer finden Frauen *nicht attraktiv*, die von Ihnen abhängig sind.

Attraktiv ist eine Frau, die Ihre Gefühle erst einmal für sich behält und nicht damit hausieren geht. Lassen sie den Mann im Ungewissen darüber, was sie ihm gegenüber empfinden und er wird jeden Tag ein bisschen mehr nach Ihnen schmachten.

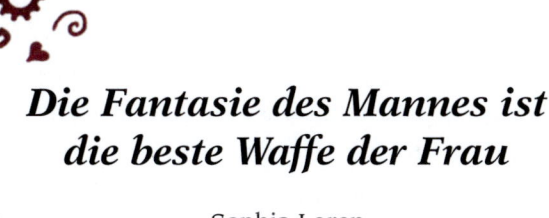

Die Fantasie des Mannes ist die beste Waffe der Frau

- Sophia Loren -

Warum wollen Menschen das haben, was sie nicht bekommen können?

Wie kommt es eigentlich, dass Männer Ihnen „hinterherlaufen", an denen Sie wenig oder kein Interesse haben?

„Ich fühle mich immer zu den Männern hingezogen, bei denen ich keine große Chance habe, während die Männer, die mich „haben wollen", oft einfach uninteressant für mich sind."

Und gerade die Männer, an denen Sie überhaupt kein Interesse haben, laufen Ihnen erst recht hinterher. Komisch, nicht?

Wissen Sie, woran das liegt?

Das hängt mit dem universellen Gesetz des „Haben-Wollens" zusammen. Wir wollen sehr oft gerade die Dinge haben, die für uns unerreichbar erscheinen.

Endlich einmal im Lotto gewinnen, das Landhaus in der Toskana, die Weltreise - alles Dinge, die wir wahrscheinlich niemals haben werden. Und gerade das macht Sie so unendlich reizvoll für uns.

Männer, denen Sie signalisieren, dass Sie kein Interesse an ihnen verspüren, empfinden *Sie* als den großen Lottogewinn. Einfach, weil Sie sich so verhalten, als wären Sie unerreichbar für Sie.
  Männer spüren es, wenn Sie eigentlich keine Chance haben. Und genau das lässt Sie geradezu verrückt nach Ihnen werden. Sie werden alles unternehmen, um Sie zu beeindrucken und Sie zu erobern.

Das ist vielleicht unfair, aber es ist nun mal Tatsache.

Manche Frauen lassen sich dann eines Tages von Männern, die Ihnen hinterherlaufen, dazu „breitschlagen", eine Beziehung mit Ihnen einzugehen. Wenn ein Mann lange genug durchhält, einer Frau hinterher zu laufen, gibt sie sich irgendwann geschlagen. Schließlich hat er lange genug bewiesen, dass er ein ernsthaftes Interesse an ihnen hat und die Gefahr, von solchen Männern verletzt zu werden, ist relativ gering.

Vielleicht werden sie niemals wirklich glücklich in solchen Beziehungen, aber sie haben zumindest das Gefühl, aufrichtig geachtet und geliebt zu werden - und sei es von einem Mann, für den Sie eigentlich nicht viel empfinden.

Ich behaupte: Sie sollten sich nur mit einem Mann zusammentun, für den Sie das Gleiche empfinden, wie er für Sie. Nur so können Sie dauerhaft glücklich werden.

Die Liebe ist ein Gleichgewicht von Gefühlen. Das Gleichgewicht von Geben und Nehmen. Alles andere ist keine Liebe, sondern Abhängigkeit.

Deshalb:

Geben Sie sich niemals mit weniger zufrieden, als Ihrem persönlichen Traummann!

Das Geheimnis der Anziehung besteht darin, dass wir die Menschen am interessantesten finden, die kein überhastetes und brennendes Interesse an uns haben.

Wir wollen das, was wir nicht einfach haben können.

Die Lösung für dieses Problem liegt somit ja eigentlich auf der Hand:

Verhalten Sie sich einem Mann gegenüber, den Sie haben wollen, so, als würden Sie ihn gar nicht unbedingt haben wollen.

Allerdings sollten Sie *immer* freundlich und gut gelaunt dabei sein.

Ich weiß, ich weiß …

Sie denken sich: „Ich soll mich also verstellen? Ich soll meine Gefühle ihm gegenüber unterdrücken? Wie soll ich denn das machen? Außerdem wird er mein „Spiel" irgendwann doch sowieso durchschauen -, spätestens, wenn wir fest zusammen sind …"

Es geht darum, dass Sie *von Anfang an* die Kontrolle über die Situation haben. Sie sollten diejenige sein, die das Prozedere steuert, nicht er. Gefühle einem anderen Menschen gegenüber sind - gerade in der Anfangsphase - nichts anderes als körpereigene, süchtig machende Substanzen in Ihrem Blut. Sie sollten diese „Suchtmittel" mit größter Vorsicht genießen -, sonst werden Sie womöglich verletzt.

Seine Aufgabe besteht darin, Sie zu erobern. Sie davon zu überzeugen, dass er „der Richtige" für Sie ist. Er muss etwas dafür tun, Sie zu bekommen. Männer wollen genau *das* - eine Frau erobern. Und zwar eine Frau, die nicht zu einfach zu bekommen ist.

Sie müssen diese „Regeln" auch nicht für immer befolgen, sondern nur in den ersten Wochen und Monaten.

Der Punkt ist, dass ein Mann sich *für immer* daran erinnern wird, wie Sie sich in den ersten Wochen und Monaten verhalten haben.

Das Bild, das er sich in den ersten Monaten von Ihnen macht, wird für immer in seinem Unterbewusstsein verankert bleiben. Es klingt vielleicht merkwürdig, aber Männer definieren den Wert einer Frau unbewusst dadurch, wie leicht oder schwer es war, sie „herumzubekommen". Und anhand dieses Werts wird sich auch ihr zukünftiges Verhalten bestimmen.

Es kommt nicht darauf an, wie klug, hilfsbereit oder hübsch Sie sind – all diese Werte spielen zwar auch eine Rolle, aber der Wert, den Sie in seinem Herzen haben, lässt sich fast ausschließlich darauf reduzieren, wie schnell Sie sich ihm hingegeben haben. Sowohl körperlich als auch emotional.

Denken Sie immer daran – Gefühle sind völlig irrational und folgen keiner „normalen" Logik. Die Gefühle von Männern lassen sich dadurch am besten schüren, dass Sie sich ihm nicht willenlos zu Füßen werfen. So irrational das auch sein mag.

Und genau deshalb ist es so extrem wichtig, welches Bild Sie ihm in der Anfangszeit vermitteln.

> *„Es ist leichter, jemanden zu lieben,*
> *den man nicht erreichen kann,*
> *als jemanden, dem man nicht entkommt."*

- Sokrates -

Wie Sie als einzigartige Frau wahrgenommen werden

Rufen Sie ihn nicht sofort zurück, wenn er angerufen hat. Rufen Sie auch nicht *immer* zurück. Ziehen Sie sich hübsch an, lächeln Sie bei Verabredungen mit ihm, zeigen Sie sich aufrichtig und ehrlich interessiert an dem, was er zu sagen hat, aber *beenden Sie die Treffen mit ihm immer zuerst!*

Bleiben Sie dabei aber immer freundlich und charmant.

Sagen Sie: „Ach Du, das war wirklich toll, aber ich habe morgen einen anstrengenden Tag vor mir. Vielen Dank für die Einladung, das nächste Mal bezahle ich!" und lächeln dabei verführerisch.

Es ist nicht einfach, Verabredungen und Gespräche zuerst zu beenden, vor allem dann nicht, wenn Sie sich wirklich gut mit ihm verstehen. Aber glauben Sie mir, er wird Sie dadurch als eine Frau wahrnehmen, die sich von allen anderen Frauen unterscheidet.

Sie glauben gar nicht, wie viele Frauen schon nach den ersten Treffen mit einem Mann ins Bett gehen, wie viele schon beim ersten Date an einem Mann herumkritisieren - und dann trotzdem mit ihm ins Bett gehen. Es gibt so viele Frauen, die sich beim ersten Auftauchen von Emotionen am laufenden Band bei einem Mann melden. Jeden Tag werden Männer mit den abstrusesten Verhaltensweisen der Frauen konfrontiert.

Es gibt Frauen, die Männer mit Sex „gefügig" machen wollen, Frauen, die sich immer nur nett und freundlich verhalten und sich einem Mann widerspruchslos unterordnen - und sich dann wundern, wenn Sie ausgenutzt werden. Es gibt Frauen, die immer und überall die „Unnahbare" spielen, und niemals von dem „Richtigen" angesprochen werden. Frauen, die Männer mit Eifersuchtsszenen „heiß" machen wollen, Frauen, die sich bieder, zugeknöpft und arrogant geben.

Das alles kennen wir schon!

Das alles wird *nicht* dazu führen, dass ein Mann ernsthaften Respekt für Sie entwickelt. Er mag sich in solche Frauen verknallen, vielleicht geht er auch Beziehungen mit ihnen ein, aber diese sind nur ganz selten von gegenseitigem Vertrauen und Respekt geprägt. Und vor allem halten Sie nicht besonders lang.

Sie müssen anders sein als all die anderen Frauen. Und zwar von Anfang an. Nur dadurch werden Sie von Männern als etwas Besonderes gesehen. Nur so bekommen Sie die Achtung und den Respekt, den Sie auch verdienen.

Anders zu sein ist eine innere Einstellung. Sie müssen dafür weder außerordentlich schön noch überdurchschnittlich intelligent sein. Und Sie müssen auch nicht mit diesem Gefühl geboren sein. Man kann dieses Gefühl erlernen, es als ein Lebensgefühl betrachten.

Diese Einstellung führt zu einem Selbstbewusstsein und zu einer Ausstrahlung, die jedem Mann sofort auffällt.

Durch Ihr Auftreten bringen Sie Glanz in jeden Raum, Sie denken nicht darüber nach, was andere von Ihnen denken. Sie sind einfach da, und jeder Mensch spürt, dass Sie etwas Besonderes sind.

Sie besitzen eine innere Ruhe, Sie plaudern nicht verunsichert drauf los, sondern verhalten sich ruhig und besonnen. Sie hören aufmerksam zu, was andere Menschen Ihnen erzählen, denn Sie erkennen einen Menschen daran, was er erzählt. Sie biedern sich niemandem an. Sie lassen sich von niemandem ausnutzen. Sie klammern sich an niemanden, Sie laufen auch niemandem nach. Sie wissen, tief in Ihrem Inneren - das Leben meint es gut mit Ihnen!

Wenn eine Beziehung in die Brüche geht, wissen Sie, dass die Welt davon NICHT untergeht. Sie wischen sich die Tränen weg, raffen sich auf und leben Ihr Leben weiter. „Andere Mütter haben auch schöne Söhne", sagen Sie sich und schauen sich einfach nach einem Anderen um.

Natürlich fühlen Sie sich nicht danach, aber Sie zwingen sich dazu, dass Sie sich danach fühlen, solange bis es tatsächlich so ist.

Gedanken haben die seltsame Eigenschaft, Realität zu werden!

All Ihre Gesten und Bewegungen sind elegant und fließend. Sie geben sich nach *außen* hin feminin und weich, *innen* aber sind Sie stark und selbstsicher. Sie WISSEN, dass Sie etwas Besonderes sind - eine einzigartige Frau, die es nur einmal auf diesem Planeten gibt.

Und diese Frau hat es schlicht und ergreifend nicht nötig, einem Mann hinterher zu laufen.

Sie haben einen offenherzigen und ehrlichen Blick. Ihre Antworten auf seine Fragen sind charmant und frech. Die Art, wie Sie sich entschuldigen, wenn Sie das Treffen mit einem Mann beenden, ist charmant und weiblich - aber bestimmt und selbstsicher.

Sie sind von einer geheimnisvollen Aura umgeben, denn Sie erzählen kaum etwas von sich. Im Grunde sind Sie einfach nur anwesend, sind charmant und gut gelaunt, hören ihm interessiert zu und machen sich innerlich Ihr Bild von ihm.

Denken Sie daran: SIE sind diejenige, die sich IHN aussucht – und nicht umgekehrt.

Und wenn er genau der ist, den Sie haben möchten - *lassen Sie ihn warten*. Sowohl mit körperlichen Intimitäten als auch mit dem Bekenntnis, was Sie für ihn empfinden.

Er wird *Ihnen* sehr bald mitteilen, was er für Sie empfindet.

„Ja, aber wie bitteschön soll ich denn das machen? Soll ich meine Gefühle unterdrücken, soll ich meine Bedürfnisse verleugnen? Ich will auch keine Spielchen treiben, ich möchte ganz einfach so geliebt werden, wie ich bin!"

Solche Kommentare habe ich schon hundertmal gehört, und ich weiß wohl, dass es der weiblichen Natur widerspricht, Menschen zu manipulieren oder Spiele zu spielen.

Aber: Wir Menschen machen im Grunde den ganzen Tag nichts anderes, als einander zu manipulieren und Spiele miteinander zu spielen. Wir kleiden uns zu bestimmten Anlässen völlig anders, als wenn wir es uns zu Hause gemütlich machen. Wir versuchen, Eindruck auf Leute zu machen, indem wir besonders höflich und zuvorkommend sind. Wir geben uns auf unserer Arbeitsstelle völlig anders, als unseren Freunden gegenüber. Auf festlichen Veranstaltungen geben wir uns förmlich und elegant, während wir uns z. B. im Urlaub ganz ungehemmt und verantwortungslos verhalten. Wir schlüpfen permanent in andere Rollen, um anderen Menschen zu gefallen oder um einen bestimmten Eindruck zu hinterlassen.

Den Anfang von Beziehungen aber vermasseln wir uns nur zu oft mit dem „falschen" Verhalten!

Denn auch hier gelten Regeln. Nur sind diese Regeln nirgendwo festgehalten, man kann sie nirgendwo nachlesen. Sie sind ganz einfach fest in unser Unterbewusstsein eingepflanzt.

Und eine dieser Regeln lautet:

Wir fühlen uns zu dem hingezogen, was wir nicht oder nur schwer haben können.

Das, meine Damen, ist und bleibt das Mächtigste, das es gibt, um einen Mann fest an Sie zu binden.
Nachdem Sie ihm zu verstehen gegeben haben, dass Sie ihn interessant finden, nachdem Sie sein Ego gestreichelt haben, indem Sie eine gewisse (aber nicht zu offensichtliche) Zuneigung signalisiert haben, wird er sich äußerst wohl bei Ihnen fühlen. Er wird in Ihnen unbewusst und ohne es zu wollen eine „Beziehungs-Kandidatin" sehen.

Wenn Sie ihn dann zusätzlich ein wenig „verwirren", indem Sie sich *nah, aber unerreichbar* geben, werden Sie jenen Schalter in ihm umlegen, der sein Blut zum Kochen bringt.

Seien Sie immer beschäftigt

Geben Sie sich in den ersten Wochen grundsätzlich sehr beschäftigt. Auch wenn Sie den ganzen Tag an nichts anderes denken können, als an Ihre neue Bekanntschaft - beschäftigen Sie sich!

Wenn Sie einen Mann kennengelernt haben, der es ernst mit Ihnen meint und zu dem Sie sich sehr hingezogen fühlen - dann ist das der beste Zeitpunkt, um mit einem neuen Hobby zu beginnen!
  Melden Sie sich zu einem Sprachkurs an, beginnen Sie mit einer neuen Sportart, probieren Sie neue Dinge aus!

Gerade im Rausch der ersten Gefühle neigen Menschen dazu, sich nur noch auf den Anderen zu fokussieren. Sie beginnen, ihr Leben von einem Tag auf den anderen „um den anderen Menschen herum zu bauen". Sie verbringen Ihre Zeit physisch und in Gedanken nahezu ausschließlich mit Ihrer neuen Liebschaft. Dadurch begeben Sie sich Schritt für Schritt in eine Abhängigkeit, durch die Sie verletzlich und verunsichert werden.

Und genau das sollten Sie *nicht* tun.

Nutzen Sie Ihre Euphorie und Ihre Glücksgefühle dafür, etwas für sich selbst zu tun! Die Energie, die Ihnen zur Verfügung steht, wenn Sie verliebt sind, sollten Sie nutzen - indem Sie sie in Tätigkeiten investieren, die Sie vielleicht schon längst einmal angehen wollten. Buchen Sie einen Malkurs, fangen Sie an, Gitarre zu spielen. Tun Sie etwas, nach dem Ihnen der Sinn steht!

Wie oft habe ich schon den berühmt-berüchtigten Satz von Frauen gehört:

„Ich habe so viel in diese Beziehung investiert. So viel Zeit, so viele Gefühle. Und nichts davon hat sich ausgezahlt."

Auch ich habe schon sehr viel Zeit und Mühe in Beziehungen investiert und am Ende stellte sich heraus, dass es das nicht wert war. Ich weiß sehr genau, wie bitter das sein kann.

Der Fehler dabei ist, dass man einfach zu viel seiner Energie in einen anderen Menschen steckt, noch zudem in einen Menschen, den man kaum kennt.

Andererseits ist man aber auch angenehm erfrischt von den Liebeshormonen - man schwebt regelrecht über den Dingen.

Diesen unerwarteten Energieschub sollte man ganz einfach nutzen, um sich selbst etwas Gutes zu tun!

Dabei schlagen Sie gleich zwei Fliegen mit einer Klappe:

Zum einen vermitteln Sie Ihrem neuen Verehrer das, was Männer dazu bringt, sich ernsthaft in Sie zu verlieben: Sie leben ihr eigenes Leben und beginnen nicht, emotional abhängig von ihm zu werden.

Zum anderen nutzen Sie die zusätzliche Energie, die Ihnen plötzlich zur Verfügung steht, für Dinge, die Ihnen wichtig sind. Dinge, die Ihr eigenes Wohlbefinden noch steigern. Dadurch baden Sie regelrecht in einem Meer voller Glückshormone!

Sie glauben gar nicht, wie verrückt ein Mann nach Ihnen sein wird, wenn er merkt, dass Sie immer gut gelaunt sind!

Wenn er Sie anruft, sollten Sie ihm mit freundlicher Stimme sagen: „Danke für deinen Anruf. Ich freue mich schon, Dich wiederzusehen, aber leider bin ich diese Woche schon komplett ausgebucht. Vielleicht treffen wir uns nächste Woche? Das wäre wirklich toll. Ruf mich doch einfach an, ok?"

Erzählen Sie ihm aber nicht, was Sie so Wichtiges zu tun haben - bleiben Sie diesbezüglich immer ein wenig geheimnisvoll.
Beenden Sie Telefongespräche nach maximal 20 Minuten, Sie haben schließlich zu tun.
„Es tut mir leid, aber ich muss noch so viele Dinge erledigen - ruf mich doch am besten morgen Abend noch mal an, dann habe ich ein bisschen mehr Zeit. Ich freue mich schon auf deinen Anruf!"

Sie sollten sich dann aber nicht den restlichen Abend fragen, was er wohl von Ihnen denken mag. Sie sollten wirklich etwas unternehmen. Rufen Sie Ihre Freundinnen an und gehen Sie aus! Amüsieren Sie sich, genießen Sie Ihr Leben!

Tun Sie das, was Ihnen Spaß macht!

Gefühle sind ansteckend!

Einer der interessantesten und wichtigsten Dinge, die es beim komplexen Thema „Beziehungen" und deren Entstehung oder auch Scheitern zu beachten gilt, ist Folgendes:

Im Jahr 1995 machte der italienische Hirnforscher Giacomo Rizzolatti eine bahnbrechende Entdeckung: Er fand heraus, dass es im menschlichen Gehirn Areale gibt, die den Zustand oder die Absichten eines anderen Menschen quasi „nachbilden". Diese sogenannten „Spiegelneurone" imitieren in unserem Gehirn die Handlungen, die Absichten und vor allem die Gefühle unserer Mitmenschen, von denen wir umgeben sind.

Dieses Phänomen erklärt, warum wir zum Beispiel auch gähnen müssen, wenn ein Mensch in unserer Nähe gähnt. Eltern öffnen beim Füttern Ihres Babys intuitiv den Mund und erzeugen so das Öffnen des Mundes beim Baby.

Wenn wir eine dramatische, traurige oder gefährliche Szene in einem Film sehen, dann empfinden wir die Trauer oder die Angst der dargestellten Menschen selbst - obwohl diese noch nicht einmal „echt" sind, sondern nur von Schauspielern nachgestellt wurden.

Wir bekommen eine Gänsehaut bei rührenden Szenen, wir zucken zusammen in plötzlichen Schrecksituationen, bei spannenden Sequenzen empfinden wir Anspannung oder sogar Angst. Wir fühlen die Zustände, die andere Menschen *fühlen*, als würden wir selbst diese Situationen erleben.

Die Spiegelneurone ermöglichen es auch, intuitive Vorstellungen über die Gefühle und Absichten eines anderen Menschen zu gewinnen, einer Fähigkeit, die sich unbewusst und völlig ohne unser Zutun abspielt.

  So spüren z. B. Eltern bei ihrem Kind, dass es flunkert oder man nimmt unausgesprochene Störungen am Arbeitsplatz wahr. Den Spiegelneuronen genügt dabei nur eine kurze Momentaufnahme, um sofort eine intuitive Ahnung von der nachfolgenden Handlung zu bekommen.

Wie kommt es, dass sich unsere Stimmung bessert, wenn uns jemand anlächelt, und dass wir manchmal auch über große Entfernungen wissen, wie es einem uns nahe stehenden Menschen geht? Die Spiegelneurone ermöglichen uns, eine „innere Kopie" eines anderen Menschen in unserem Gehirn zu erstellen und aufgrund dieser „Kopie" wissen wir, wie es um einen anderen, uns nahestehenden Menschen bestellt ist.

Haben Sie es schon einmal erlebt, wenn ein Mensch mit der sogenannten „negativen Ausstrahlung" einen Raum betritt und es macht sich auf einmal bedrückende Stille bei den vorher fröhlich schwatzenden Menschen breit? Oder wenn ein Mensch mit „positiver Ausstrahlung" Sie anlächelt und Sie davon auf einmal selbst gut gelaunt sind?

Das kommt daher, weil der mentale Zustand, die Stimmung eines Menschen regelrecht „ansteckend" ist - eben weil die Spiegelneurone in Ihrem Kopf den Zustand des anderen Menschen „kopieren" und sich dessen Zustand auf Sie überträgt.

Wenn wir einen Menschen sehen, der leidet, leiden wir intuitiv mit ihm. Wir empfinden das Leid, die Trauer, die Freude anderer Menschen *selbst*, indem wir Ihren Zustand innerlich mithilfe der Spiegelneurone nachbilden.

Interessant, nicht?

Wenn Sie sich für diese Thematik weiter interessieren, kann ich Ihnen das Buch: *„Warum ich fühle, was du fühlst"* von Joachim Bauer sehr empfehlen.

Im Klartext bedeutet das nichts Anderes, als dass Gefühle ansteckend sind - sie übertragen sich wie von Zauberhand auf einen anderen Menschen. Die Spiegelneurone - diese kleinen, magischen Helfer in unseren Köpfen - machen´s möglich. Ohne sie hätten wir nicht die geringste Vorstellung davon, wie sich ein anderer Mensch wohlfühlen mag.

Nicht zuletzt das ist der Grund, warum wir Menschen uns überhaupt verlieben – wir lassen uns von der Liebe des Anderen anstecken.

Die Spiegelneuronen sind auch der Grund dafür, warum wir uns nicht allen Menschen gegenüber gleich verhalten. Manchmal wundert man sich, warum man dem einen Menschen gegenüber forsch und selbstsicher auftritt, einem anderen gegenüber wiederum verängstigt und eher introvertiert. Das liegt daran, dass wir den Zustand des anderen Menschen innerlich imitieren - ein Mensch, der z. B. ernsthafte Probleme mit sich herumschleppt, überträgt diesen Zustand auf uns - dementsprechend gehemmt fühlen wir uns dann ungewollt auch. Ich denke, Sie kennen dieses Phänomen.

Psychologen und Hirnforscher auf der ganzen Welt haben diese Zusammenhänge untersucht und dabei festgestellt, dass wir uns zu den Menschen am stärksten hingezogen fühlen, die dieses „Einfühlen" in andere Menschen beherrschen - sich selbst aber dabei treu bleiben, ohne sich selbst in einem anderen Menschen zu „verlieren".

Und genau diese Eigenschaft kann man erlernen (siehe Seite 152 ff.).

Genauso sollten Sie sich niemals in einem anderen Menschen „verlieren" - egal, wie viele Gefühle Sie für ihn hegen. Deshalb ist es so wichtig, dass Sie Dinge für sich selbst tun - gerade in der Phase der ersten Verliebtheit.

Warum distanzieren Männer sich?

Wie kommt es aber, werden Sie fragen, dass sich ein Mann nach dem anfänglichen Rausch seiner Gefühle nach und nach distanziert und wieder in seine „Höhle" zurückzieht? Er sich vielleicht sogar von heute auf morgen nicht mehr bei Ihnen meldet? Oder die Beziehung völlig unverhofft beendet?

Und das, obwohl Sie ihm immer wieder zu verstehen gegeben haben, dass Sie ihn schätzen und begehren ...?

Nun, viele Frauen verlieren innerhalb der Phase der Verliebtheit sehr schnell die Objektivität und die Kontrolle über Ihre Gefühlswelt.

Nachdem eine Frau einen Mann kennengelernt hat und sich die ersten starken Emotionen bei Ihr eingestellt haben, passiert sehr oft Folgendes:

In ihrem emotionalen Überschwang und in ihrer Begeisterung über die Tatsache, diesen fantastischen Mann kennengelernt zu haben, tauchen aus ihrem Unterbewusstsein auf einmal Erinnerungen von vergangenen Fehlschlägen mit Männern auf. Obwohl die ersten Verabredungen vielversprechend und vor allem problemlos abgelaufen sind, taucht die Frau auf einmal in eine Welt der Selbstzweifel ein, die sie ganz verrückt machen kann. Auslöser dafür ist oft

nur eine kleine, harmlose Geste, vielleicht ein „Zu spät kommen"
oder ein vorübergehendes „Mal nicht melden" des Mannes.

Das Problem ist, dass Liebe immer auch Ängste hervorruft.

„Was ist, wenn er sich noch mit einer Anderen trifft?"

„Was ist, wenn ich ihm nicht gut genug bin?"

„Was, wenn er mich eines Tages verlässt? Vielleicht gerade dann,
wenn ich all meine Zeit und Gefühle in ihn investiert habe?"

Männer haben ein feines Gespür dafür, wenn einer Frau in diese
von Emotionen ausgelöste Selbstzweifel und irrationale Ängste
verfällt und dementsprechend beginnt, sich seltsam zu verhalten.
Was ein Mann in jedem Fall möchte, ist eine emotional stabile Partnerin und keine, die bei kleinstem „Fehlverhalten" von ihm unkont-
rolliert in Hysterie verfällt.

Natürlich haben diese ganzen emotional ausgelösten Ängste einer
Frau ihre Berechtigung und auch ihr Verhalten macht für Sie selbst
Sinn -; für einen Mann allerdings sind unkontrollierte Emotionen
eine Form des Wahnsinns. Er redet noch nicht mal mit seinem
besten Freunden über seine Gefühle oder Ängste und versucht sie
möglichst immer unter Kontrolle zu halten. Gefühle nicht unter
Kontrolle zu haben, ist für ihn gleichzusetzen mit Schwäche.

Oft beginnt ein Mann sich schon bei den kleinsten Anflügen dieser
weiblichen Ängste zu distanzieren und emotional „auszuklinken".
Das wiederum spürt eine Frau sehr deutlich und reagiert darauf
erst recht mit Ängsten und Unsicherheit.

Eine regelrechte Spirale des Unglücks kann sich dadurch in Gang setzen.

Aber macht es denn Sinn, seine Emotionen verdrängen zu wollen? Sind Emotionen nicht ein Bestandteil unseres menschlichen Daseins?

„Gegen Gefühle kann man nun mal Nichts machen"

Grundsätzlich kann man Emotionen in zwei grobe Bereiche unterteilen: in positive Emotionen, solche, die einem Freude bereiten, die ein Genuss sind. Und zweitens die negativen, solche, die ein Unwohlsein hervorrufen, Emotionen, die mit Angst verbunden sind.

Wenn sie sich in einer Beziehung befinden, bei der Sie glauben, er hätte vermeintlich „weniger" Interesse an ihnen, als Sie an ihm, dann werden sie sich allmählich unwohl fühlen. Dieses Unwohlsein paart sich dann auch noch mit Ängsten aus vergangenen, negativen Erfahrungen mit Männern und das verstärkt Ihre Unsicherheit und Angst zu allem Übel auch noch.

Je stärker eine Emotion ist, umso ansteckender ist sie auch.

Allerdings sind Ängste, die auch und gerade von starken Emotionen ausgelöst werden, überaus machtvoll und dementsprechend hochgradig „ansteckend".

Das bedeutet, Sie „infizieren" Ihren Partner mit Ihren negativen Emotionen. Selbst wenn er sich vorher in einem positiven und freudigen Zustand befunden hat, wird er Ihren emotionalen Zustand mehr und mehr übernehmen. Auch wenn er bereits ernsthafte Gefühle für Sie hegt - er wird sich in Ihrer Gegenwart einfach unwohl fühlen, und er weiß selbst gar nicht genau, warum. Er beginnt zu glauben, dass diese Beziehung „mal wieder" nur eins für ihn bedeutet:

Stress.

Er weiß nicht, warum er diesen Stress Ihnen gegenüber empfindet, er kann es sich selbst nicht erklären. Gerade, wenn er schon erste, ernsthafte Emotionen für Sie entwickelt hat, fühlt er sich umso unwohler. Schließlich ist er genauso verletzlich wie Sie selbst - wenn nicht sogar noch verletzlicher. Er hat die gleiche Angst wie Sie, in eine emotionale Schieflage zu geraten.

Dieser Prozess läuft nahezu nonverbal ab, es kommt also gar nicht auf den Inhalt ihrer Worte und Gesten an, sondern einzig und allein auf die Emotion, die Sie haben.

Sie werden versuchen, Ihre negative Emotion so schnell wie möglich loszuwerden, indem Sie den Mann dazu bringen, sich auch schlecht zu fühlen. Die schnellste Erleichterung, sich von einem negativen Gefühl zu befreien, ist, sie auf einen anderen Menschen abzuladen. Der Mensch, der Ihnen am nächsten ist, nämlich Ihr Partner, bietet sich dafür natürlich am besten an. Schließlich ist er ja auch der „Auslöser" dieser ganzen Misere.

Sie machen vielleicht ungeschickte Bemerkungen, fangen an, sich andauernd negativ zu allen möglichen Themen zu äußern. Sie beginnen, ihn zu kritisieren, Sie fangen an, über ihn und sein Verhalten zu „nörgeln". Das mag zwar für den Moment eine Erleichterung sein, aber die Langzeitwirkung davon ist nicht unbedingt die Effektivste …

Wie wir ja wissen, sind Gefühle ansteckend.

Nun, was glauben Sie, was Angst und Unsicherheit bei einem anderen Menschen auslösen?

Genau: Angst und Unsicherheit.

Dieses Prinzip kann aber auch umgekehrt laufen, wenn sie eine positive Emotion transportieren. Denken Sie an die ansteckende gute Laune anderer Menschen. Denken Sie an die positiven Gefühle, die ein schönes Konzert in Ihnen hervorrufen kann.

Wie wäre es, wenn sie es schaffen könnten, Ihre negativen Emotionen und Ängste zu durchschauen und sie zu kontrollieren? Was glauben Sie, wie sich die Qualität ihrer Beziehungen, ja ihres gesamten Lebens verändern könnte, wenn Sie es nicht mehr zulassen würden, dass sie in diese Falle der „Übertragung Ihrer Ängste" tappen würden?

Was wäre, wenn Sie dieses Wissen stattdessen anwenden würden, um etwas Positives zu transportieren? Was glauben Sie, wie sich Männer daraufhin verhalten?

Wie Sie von einem Mann das bekommen, was Sie brauchen

Wenn Sie merken, dass sich ein Mann während der Beziehung von Ihnen distanziert, sind Sie vermutlich geneigt, das zu tun, was die meisten Frauen tun:

Sie versuchen den Mann mit allen möglichen Methoden dazu zu „zwingen", Ihnen mehr Aufmerksamkeit zu schenken. Sie versuchen, seine liebevollen Gefühle aus ihm „herauszupressen". Vielleicht versuchen Sie, ihn eifersüchtig zu machen, indem Sie sich mit anderen Männern treffen.

Nebenbei bemerkt: Einen Mann eifersüchtig zu machen, indem Sie mit anderen Männern flirten und ihm damit zu verstehen geben, dass Sie auch Wirkung auf andere haben, wird meistens in die Hose gehen.
Männer fühlen sich durch dieses Verhalten von Ihnen verraten und verkauft -, Sie werden damit nur seinen Zorn ernten. Auf keinen Fall werden Sie dadurch seine Zuneigung oder mehr Aufmerksamkeit entfachen.

Man kann Menschen zu allem Möglichen überreden und motivieren, aber eins kann man niemals: Einen Menschen zu einer Emotion zwingen.

Wenn sie nach seinem liebevollen Gefühl, seiner Zuneigung und Aufmerksamkeit „jammern", sie erzwingen, sie versuchen mit Druck zu erzeugen, dann werden Sie auf Dauer genau das Gegenteil davon erreichen.

Wenn sie sich beschweren darüber, dass er sie nicht liebt, dass er nicht genug für Sie da ist, dass er sich nicht genügend um die Beziehung bemüht und so weiter, lösen sie in ihm ein Gefühl aus, das Sie selbst haben - nämlich Angst und Unsicherheit.

Die Liebe eines anderen Menschen können wir nicht erzwingen. Seine Emotionen entziehen sich unserer Kontrolle. Wir haben keinerlei Einfluss auf die Gefühlswelt eines Anderen.

Oder vielleicht doch?

Wenn Sie einen Moment darüber nachdenken, was die Spiegelneurone alles anrichten können, dann werden Sie mir vielleicht recht geben, wenn ich Ihnen sage:

Senden Sie genau das, was Sie von einem Mann bekommen wollen zu ihm. Schicken Sie Liebe aus, schicken Sie Anerkennung, schicken Sie harmonische Gedanken und Gefühle an ihn. Hegen Sie keine Ängste über die gemeinsame Zukunft, sondern blicken Sie gelassen und liebevoll nach vorne.

Und vor allem: Gestalten Sie Ihre Gegenwart harmonisch und positiv, und genießen Sie sie!

Die natürliche und effektivste Methode, von jemandem etwas Bestimmtes zu bekommen, ist, es ihm zu geben!

Sie können nichts Wirksameres dafür tun, dass ein Mann Sie dauerhaft liebt und gerne mit Ihnen zusammen ist, als *selbst glücklich zu sein*.

Und das tun Sie ganz einfach, indem Sie sich selbst etwas Gutes tun. Fahren Sie für ein Wochenende weg - und zwar ohne ihn. Unternehmen Sie etwas mit Ihren Freundinnen. Machen Sie kein großes Drama daraus, sondern tun Sie es einfach.

Und freuen Sie sich, *dass es ihn gibt!*

Konzentrieren Sie sich auf die positiven Dinge, auf die schönen Erlebnisse mit ihm. Und achten Sie nicht so sehr auf die negativen, die jede Beziehung nun mal auch mit sich bringt.

Sollte sich Ihr Mann einmal nicht melden für ein paar Tage - dann denken Sie nicht eine ganze Negativitäts-Lawine herbei. Er trifft sich *nicht* mit einer Anderen, er ist vielleicht ganz einfach überarbeitet, ihm steht womöglich eine Kündigung bevor. Vielleicht hat er familiäre Probleme, vielleicht versucht er gerade, sich einfach zu entspannen. Das alles hat im Normalfall *nichts* mit Ihnen zu tun.

Denken Sie sich nicht den schlimmsten Fall herbei, bleiben Sie gelassen! Und tun sie vor allem etwas Gutes für sich selbst!

Denken sie vielmehr, er wird jetzt über Sie nachdenken, wird die letzte Verabredung noch einmal gedanklich durchgehen, sich versuchen, seiner Gefühle bewusst zu werden. Denken sie immer daran; Männer sind nur selten in der Lage, sich ihrer Gefühle auch immer gleich bewusst zu sein. Es dauert manchmal einfach länger, bis ein Mann spürt, dass er Sie vermisst und dass er etwas für Sie empfindet.
Und dass er Sie er vermisst, merkt er nur, wenn Sie auch mal weg sind.

Wenn Sie ihn unter emotionalen Druck setzen, drücken Sie die „Ich will wieder Single sein"-Knöpfe bei ihm. Und Sie geben ihm damit zu verstehen, dass Sie zutiefst verunsichert sind, was Ihre Beziehung angeht. Und diese Verunsicherung überträgt sich auf ihn - ob Sie wollen oder nicht.

Es kommt immer das zu uns zurück, was wir verschicken!

Schicken Sie ihm Angst und Unsicherheit, dann bekommt er Angst und wird sich unsicher, ob diese Beziehung das ist, was er braucht und will. Und genau das verstärkt wiederum Ihre eigene Unsicherheit.

Ein furchtbarer Teufelskreis, aus dem man nur aussteigen kann, in dem man ihn versteht.

Wenn Sie Angst haben, dass Ihre Beziehung in die Brüche gehen *könnte*, bekommt es Ihr Mann just in diesem Moment mit der gleichen Angst zu tun.

Männer, die Angst bekommen, reagieren seit Tausenden von Jahren auf die gleiche Weise - die Natur hat ihnen das zu Ihrem eigenen Schutz in Ihre Instinkte implantiert:

Sie kämpfen oder fliehen.

Kämpfen gegen eine Frau - das bedeutet stundenlange Diskussionen, in denen er meistens keine große Chance hat. Verbal sind uns Frauen oft einfach überlegen. Er wird diese Art von „unfairem" Kampf vermeiden, solange es nur geht.

Also bleibt ihm nur eins:

Er flieht.

Doch bevor er das tut, haben Sie schon längst die Initiative ergriffen und sich selbst ein wenig distanziert. Ganz einfach, indem Sie etwas Angenehmes für sich selbst getan haben.

Männer distanzieren sich nicht von Frauen, denen es gut geht!

Willst Du geliebt werden, so liebe!

- Lucius Annaeus Seneca -

Woran erkenne ich, was ein Mann für mich empfindet?

Wie Sie ja wissen, tun sich Männer unendlich schwer damit, über ihre Gefühle zu sprechen. Von daher ist es denkbar ungünstig, wenn Sie einen Mann *fragen*, was er für Sie empfindet. Das setzt ihn unter enormen Druck, er müsste durch den Sumpf seines Inneren waten und dort nachschauen, welchen Platz Sie darin einnehmen. Das bedeutet eine ungeheure Anstrengung für ihn und löst in ihm nur Unbehagen aus. Davon abgesehen bewirkt das hauptsächlich eins: Sie erwecken den Eindruck, als wären Sie sich seiner Gefühle sehr unsicher und würden nach seiner Zuneigung betteln. Haben Sie das nötig?

Fragen Sie einen Mann nicht, was er für Sie empfindet!

Männer teilen Ihre Gefühle nur äußerst selten mit. Und wenn Sie sie mitteilen, fällt es Ihnen extrem schwer, die richtigen Worte zu finden. Zu beschreiben, was Sie empfinden, und das auch noch detailliert und ausführlich - das können nur die Allerwenigsten von uns.

Deswegen neigen auch viele Frauen zu dem Irrglauben, ihr Partner würde Nichts oder nur sehr wenig für sie empfinden - schließlich sagt er es Ihnen ja nie.

Das hat aber nichts mit der jeweiligen Frau zu tun. Männer, die nicht in der Lage sind, ihre Gefühle auszudrücken (und die wenigsten sind das), reden schlicht und einfach mit *niemandem* über Ihre seelischen Befindlichkeiten. Weder mit ihrem besten Freund noch mit ihrer Mutter, und auch sonst kommt niemand infrage.

Uns wurde schließlich beigebracht, dass ein derartiger „Gefühlserguss" eine Schwäche ist!

Dennoch bringen Männer Ihre Gefühle zum Ausdruck, allerdings nicht, indem Sie ausschweifend und langatmig darüber reden.

Wenn ein Mann etwas Ernsthaftes für Sie empfindet, *dann tut er Dinge für Sie.*

Er wird Ihnen ungefragt die Lampe aufhängen, die neu verpackt schon seit Wochen in Ihrem Flur steht. Er wird Ihnen Ihren Computer in stundenlanger Sisyphusarbeit reparieren, er wird sich Ihres verstopften Waschbecken-Abflusses annehmen.

Er macht etwas ganz Pragmatisches und eher Unromantisches für Sie. Er weiß nicht, dass er mit einem handgeschriebenen Brief vielleicht mehr erreichen könnte, er weiß auch nicht, dass Sie von ihm *hören* möchten, was er für Sie empfindet.

Aber auch wenn Sie schwülstige Karten oder Liebesgedichte von ihm erhalten: Der größte Liebesbeweis von einem Mann ist, wenn er Ihnen bei Problemen *behilflich* ist. Und zwar in Dingen, von denen er weiß oder glaubt, dass Sie Ihnen selbst schwerfallen. Tief in seinem Inneren möchte er Ihr Versorger sein, Ihr Beschützer. Und genau das stellt er unter Beweis, indem er Ihnen zeigt, wie sehr er Dinge „erledigen" oder „reparieren" kann.

Eine reparierte Waschmaschine oder der endlich funktionierende Internetanschluss mag zwar nicht unbedingt ein Feuerwerk von Glücksgefühlen in Ihnen auslösen, aber das ist es, wie Männer Ihre Emotionen zum Ausdruck bringen. Er wird Ihnen helfen wollen, Dinge „zum Laufen zu bringen".

Ein flüchtig dahingesagtes „Ich liebe Dich auch, Schatz" hat aus seiner Sicht oft eine viel kleinere Bedeutung als ein tatkräftiges Anpacken bei Dingen, *die er für Sie tut.*

Ein Mann möchte einer Frau gefallen, er möchte ihr zeigen, wie viel sie ihm bedeutet, indem er ihr ganz einfach in praktischen Dingen *hilft*. Deswegen:

Achten Sie darauf, was ein Mann für Sie *tut* und nicht so sehr darauf, was er zu Ihnen *sagt*.

Wenn er seinen Arm fest um Sie legt und Sie ein Stückchen zur Seite führt, wenn ein grölender Betrunkener an Ihnen vorbeiläuft - dann wissen Sie, dass er Sie beschützen will. Solche Taten zählen für einen Mann viel mehr als alle triefenden Liebesbekundungen.

Aber auch an seinem Blick können Sie einiges erkennen:

Schauen Sie ihm tief in die Augen. Bleibt er mit seinem Blick mit Ihnen verbunden? Erwidert er Ihren Blick mit einer ähnlichen Tiefe?

Oder schweift er ab? Wirkt er verunsichert, wenn Sie ihn anschauen? Fragt er womöglich „Was, schaust Du mich so an?" und weicht Ihrem Blick dabei aus?

Der Blick eines Mannes sagt sehr viel mehr über seinen seelischen Zustand aus, als das, was er erzählt. Wenn er verunsichert ist und nicht weiß, was er Ihnen gegenüber empfindet, dann wird er auch Ihrem Blick nicht standhalten.

Wenn er aber ernsthafte Gefühle für Sie hegt, wird er Sie genauso intensiv anschauen, wie Sie ihn. Er hat dann kein Problem damit, tief in Ihre Augen zu schauen - schließlich sieht er darin die Frau, die er liebt.

Warum Männer die Gefühle einer Frau oft missverstehen

So viele Frauen haben mir schon erzählt, wie Männer spurlos verschwunden sind, nachdem sie ihnen Ihre Gefühle offenbart haben. Zumindest begannen sich die Männer ab diesem Zeitpunkt nach und nach zu distanzieren.

Warum ist das so?

Sind Männer dermaßen „gefühlsgestört"? Haben Sie wirklich solche Angst vor ernsthaften Emotionen? Sind Sie alle bindungsunfähig und scheuen jegliche Verantwortung? Wollen sie womöglich gar nicht von einer Frau geliebt werden?

Von den Ängsten, die Sie ungewollt auf ihn übertragen, (Kapitel „Warum distanzieren Männer sich?") einmal abgesehen: Männer verstehen die ausführlichen Liebesbekundungen von Frauen sehr oft völlig falsch. Wenn eine Frau ihren Mann ständig sehen, ständig mit ihm telefonieren möchte und ihm damit zu verstehen gibt, wie sehr Sie ihn liebt und vermisst - dann versteht er das meist *nicht* als Beweis Ihrer Zuneigung.

Er interpretiert das oft als Schwäche.

Er selbst zeigt Ihnen seine Gefühle, indem er Dinge für Sie *tut*.
In Worte verpackte Gefühle haben in seiner Wahrnehmung keinen solchen hohen Stellenwert. Wenn Sie ihn ständig überhäufen mit Anrufen oder verbalen Liebesbeweisen, dann glaubt er *nicht*:

„Oh wie schön, meine Freundin liebt mich wirklich über alles. Ich kann mich wirklich glücklich schätzen, so sehr von einer Frau geliebt zu werden."

Er glaubt vielmehr, Sie wären von ihm abhängig und würden ohne ihn nicht mehr zurechtkommen. Er denkt „Meine Freundin beginnt gerade, sich in eine Klette zu verwandeln. Ich glaube, sie kann gar nicht mehr ohne mich leben." - unabhängig davon, ob Sie tatsächlich diese „Klette" sind, oder nicht.

Männer lieben Frauen, die emotional unabhängig von ihnen sind.

Umgekehrt neigen Männer dazu, den Respekt vor Frauen zu verlieren, wenn sie meinen, eine Frau wäre emotional abhängig von ihnen und könnte „nicht mehr ohne ihn leben".

Vielleicht denken Sie: „Das heißt, ich kann ihm meine Gefühle nicht zeigen? Ich kann ihm niemals mit meinen Emotionen konfrontieren, sonst verschwindet er womöglich oder behandelt mich schlecht?"

Nein, der Punkt ist: Ein Mann versteht es nicht, wenn eine Frau ihm permanent zu verstehen gibt, dass sie ihn möglichst Tag und Nacht sehen möchte. Dass sie immer wissen möchte, wo er ist, was er macht und so weiter.

... solange sie ihm nicht klar macht, *warum* sie ihn liebt, *warum* sie gerne in seiner Nähe ist.

Männer haben - auch in emotionalen Angelegenheiten - eine sehr geradlinige Logik. Für Sie muss es einen Grund geben, warum Sie von einer Frau geliebt werden. Ohne diesen Grund missverstehen sie das Nähebedürfnis und die Liebesbekundungen einer Frau und deuten sie häufig als Hilfebedürftigkeit und Unselbstständigkeit.

Wenn Sie ihm aber den Grund nennen, *warum* Sie ihn so oft sehen möchten, *warum* Sie ihn lieben, was konkret Sie an ihm schätzen, wird er Ihr Bedürfnis nach Nähe richtig verstehen und nicht mehr als eine Schwäche fehlinterpretieren.

Und diesen Grund kann es erst dann geben, wenn Sie ihn schon länger kennen!

Deswegen verstehen es Männer auch völlig falsch, wenn Sie ihm Ihre Gefühle zu früh offenbaren.

Ein Beispiel:

Markus, ein guter Freund von mir, hatte eine Freundin namens Jeanette. Sie war in jeder Hinsicht eine zauberhafte Frau und er war sehr angetan von ihr. Die Beiden verstanden sich glänzend, sie waren wie geschaffen füreinander. Wenn man Sie zusammen sah, hörte man schon die Hochzeitsglocken läuten. Markus hatte wirklich seinen passenden „Deckel" gefunden.

Allerdings flaute seine Begeisterung der ersten Monate nach und nach immer mehr ab. Er erzählte mir, dass er sehr glücklich mit ihr wäre, allerdings wüsste er nicht, ob er wirklich sein gesamtes Leben mit ihr verbringen wollte. Irgendetwas fehlte, aber er wüsste nicht genau, was - so seine Worte.

Ich konnte das nicht verstehen - schließlich waren die Beiden ein echtes Traumpaar.

„Sie will jetzt schon - nach fünf Monaten - mit mir zusammenziehen. Klar, sie ist wirklich eine tolle Frau, aber irgendwie geht mir
das alles zu schnell! Ich weiß auch überhaupt nicht, was sie an mir
findet."

Bald darauf bekam er einen Brief von ihr. In diesem Brief listete sie
die Eigenschaften auf, die Sie an ihm schätzte und warum sie ihn
liebte. Seine Intelligenz, seine Einfühlsamkeit, die Art und Weise,
wie er mit seinem Hund spielte. Sein Durchsetzungsvermögen,
sein Lächeln, seine starken Arme. Sie beschrieb ihn, so wie sie ihn
wahrnahm - mit all seinen Vorzügen und Eigenschaften, die sie an
ihm bewunderte.

Der Brief endete mit den Worten:

„Das sind die Gründe, warum ich so gerne mit Dir zusammen bin.
Du bist einfach ein toller Mensch. Schön, dass es Dich gibt!"

Wow …

Sie glauben gar nicht, wie sehr das sein Herz zum Schmelzen
brachte. Die Beiden sind heute seit fünf Jahren verheiratet und
bekommen demnächst ihr zweites Kind. Wenn man sie zusammen
sieht, weiß man auf den ersten Blick: Die Beiden sind füreinander
bestimmt.

Dieser Brief hatte deshalb einen so durchschlagenden Effekt auf die
Beziehung der Beiden, weil er Markus vor allem eins zu verstehen
gab: Jeanette empfand diese Gefühle für ihn, weil er ein
besonderer Mensch war.

Sie stellte *ihn* in den Vordergrund Ihrer Wahrnehmung und nicht *ihre Gefühle für ihn*.

Vor allem wusste Markus von da an, *warum* sie mit ihm zusammenziehen wollte. Denn der Grund dafür war nicht, dass sie womöglich nicht alleine zurechtkam. Es lag auch nicht an Ihrer Unselbstständigkeit oder Ihrer Hilfsbedürftigkeit.

Der Grund war *er*.

Viele Frauen, die ich kenne, glauben, sie würden sich einem Mann „unterwerfen", wenn sie ihm zu verstehen geben, *warum* sie ihn eigentlich lieben.

„Er weiß doch selbst, dass er ein Prachtkerl ist, warum soll ich ihm das noch sagen? Und außerdem ist er ja nicht *immer* ein Prachtkerl."

Die meisten Männer sind von leisen, permanenten Selbstzweifeln geplagt. Sie können diese Selbstzweifel nur besser überspielen als Frauen. Gerade Männer, die sich übertrieben selbstsicher und großspurig verhalten, sind tief in ihrem Inneren alles Andere als überzeugt von sich.

Wenn Sie ihm also konkret sagen, welche Eigenschaften sie an ihm bewundern, bewirken Sie etwas, das wie pure Magie wirkt.

Er spürt, dass ihn jemand erkennt, so wie er sich selbst gerne sehen würde.

Sie sind der Spiegel, in dem er sich selbst erkennt.

Es gibt keinen höheren Stellenwert, den eine Frau im Leben eines Mannes haben kann.

Dadurch können Sie sich seiner tiefen Wertschätzung und innigen Liebe für lange Zeit sicher sein.

Tun Sie das allerdings nicht zu früh!

Den wirksamsten Effekt hat diese Art der Liebesbekundung nach frühestens ein paar Monaten. Vorher wäre es schlicht und einfach unglaubwürdig.

„Gewissheit ist die Grundlage, nach der die menschlichen Gefühle verlangen.“

- Honoré de Balzac -

Direkte und indirekte Rede

Wissen Sie, womit Sie einen Mann unter Garantie sehr schnell zur Verzweiflung treiben können?

Indem Sie ihm niemals direkt und konkret sagen, was Sie wollen.

Frauen können wahre Spezialistinnen darin sein, wenn es darum geht, Ihre Wünsche in missverständliche Wortkreationen zu verpacken und bis zur Unkenntlichkeit zu verschleiern.

Hier ein Beispiel, das ich vor einiger Zeit mitbekommen habe:

Natascha, die Ihren Freund Martin gerne abends noch einmal sehen und mit ihm ein oder zwei Stunden verbringen wollte, schickte ihm folgende SMS:

„Es wäre schön, wenn Du heute Abend nicht so lange vor dem PC sitzt, sondern Dich vielleicht auch mal um Deine Freundin kümmerst"

Nun, was glauben Sie, dachte Martin daraufhin?

Ich hatte das Vergnügen, mir diese Szene live mit anzuschauen, ich verbrachte nämlich den Abend mit Martin und telefonierte am nächsten Tag mit Natascha.

Als er die SMS bekam, sagte er wortwörtlich zu mir: „Ach, meine Freundin nervt mal wieder. Sie fängt schon jetzt - nach gerade mal zwei Monaten, die wir zusammen sind - mit Vorschriften an. Ich soll nicht so lange vor dem PC sitzen, einfach lächerlich."

Was sie jedoch eigentlich meinte, war Folgendes: „Wenn Du Lust hast, ruf mich doch kurz an und ich komme noch mal kurz bei Dir vorbei. Es wäre wirklich schön, wenn ich Dich heute ein weiteres Mal sehen könnte."

Sie erzählte mir „ihre Sichtweise" am nächsten Tag.

Weil sie glaubte, alles andere wäre vielleicht zu aufdringlich oder „zu direkt", verpackte sie Ihre Frage in eine indirekte Aussage, die sich ungewollt anhörte wie eine ernsthafte Beschwerde.

Und genau so verstand ihr Freund es auch: Wie eine Beschwerde, die sich anhörte, als würde er etwas falsch machen. Als würde sie sich in sein Leben einmischen und ihm verbieten wollen, zu lange vor dem Computer zu sitzen. Als „müsste" er sich jetzt gefälligst um sie kümmern.

Der Streit der Beiden war vorprogrammiert, und das, obwohl Ihre Beziehung bisher sehr gut verlaufen war.

Viele Frauen neigen - aus Gründen, die ich wohl nie verstehen werde - dazu, sich aus dem Blickwinkel der Männer indirekt und manchmal sehr konfus auszudrücken. Gerade dann, wenn Sie ihre Wünsche oder Absichten zum Ausdruck bringen wollen.

Vielleicht, weil Sie instinktiv wissen, dass Sie Ihre Gefühle nicht auf dem „Präsentierteller" servieren sollten?

Richtiger Gedanke, aber leider die falsche Anwendung, denn eines sollten Sie auf jeden Fall:

Sie sollten Ihre Wünsche und Bedürfnisse einem Mann gegenüber so klar und deutlich ausdrücken, wie nur irgend möglich.
Oder Sie sollten gar nichts sagen.

Sagen Sie konkret, was Sie von ihm wollen,
und er wird es Ihnen
in den allermeisten Fällen auch geben.

Vor allem bewirken Sie in einem Mann damit das, was die Basis jeder funktionierenden Beziehung sein sollte:

Sie haben seinen Respekt.

„Ich glaube, ein Mann möchte
von einer Frau das Gleiche,
wie eine Frau von einem Mann:
Respekt."

- Clint Eastwood -

Wie Sie ihn dauerhaft an sich binden

Wenn Sie sich eine Zukunft mit ihm vorstellen können, werden Sie ihn sicher eines Tages zu jenem „Gespräch" bringen wollen, das viele Männer meiden wie der Teufel das Weihwasser.

Sie werden ihn fragen wollen, wie ernst ihm die Sache ist.

Wenn Sie schon mehrere Monate mit einem Mann zusammen sind und er sich immer noch „unentschlossen" verhält, was die Ernsthaftigkeit Ihrer Beziehung angeht, dann sollten Sie Folgendes tun:

Sagen Sie ihm konkret, was Sie wollen!

Aber gehen Sie dabei umsichtig vor, Sie sollten nicht mit der Tür ins Haus fallen.

Treffen Sie sich mit ihm an einem angenehmen Ort zu diesem Gespräch. Es sollte eine freundliche und unverkrampfte Atmosphäre herrschen, Sie sollten sich gerade in einer „guten Phase" der Beziehung befinden und nicht in einer solchen des Streits. Verwöhnen Sie ihn ein wenig und machen Sie es sich mit ihm gemütlich.

Sagen Sie ihm: „Ich bin wirklich gerne mit Dir zusammen und ich finde, wir passen gut zueinander. Ich genieße die Zeit mit Dir sehr, und auch wenn wir uns manchmal streiten, finde ich es toll, wie wir immer wieder zusammenfinden." Erwähnen Sie die schönen Erlebnisse, die Sie beide schon hatten, und schauen Sie ihn dabei liebevoll an. Stellen Sie dabei vor allem das „Wir" in den Vordergrund.

„Wie stellst Du Dir eigentlich eine erfüllende Beziehung vor?

Schau, Männer und Frauen sind nun mal verschieden, aber ich glaube, dass sie sich gerade wegen ihrer Unterschiede im Leben helfen und unterstützen können. Wie siehst Du das?"

Lassen Sie sich ganz ungezwungen von ihm erzählen, wie seine Meinung darüber ist. Wie er Ihre gemeinsame Beziehung wahrnimmt und vor allem, was er sich unter einer langfristigen Beziehung vorstellt.

Wenden Sie dabei wieder die Technik des „aktiven Zuhörens" an. (Seite 152 ff.)

Und nun kommt der entscheidende Teil:

„Wenn Du Dir eine Zukunft mit uns beiden vorstellen kannst, dann würde ich gerne von Dir wissen, wie Du darüber denkst. Wenn Du Dir unsicher über uns bist, dann nimm Dir etwas Zeit, um darüber nachzudenken - sagen wir zwei Wochen? Ich könnte mir eine ernste und langfristige Beziehung mit Dir sehr gut vorstellen. Ich treffe mich mit niemand anderem und ich möchte auch nicht, dass Du Dich mit anderen triffst. Natürlich zeigt sich vieles erst im Laufe der Zeit, man kann die Zukunft niemals voraussagen, aber mir ist es wichtig, zu wissen, ob Du Dir eine gemeinsame Zukunft mit mir *vorstellen* kannst. Schau, ich möchte meine Zeit nicht verschwenden an einen Mann, der nicht weiß, was er will."

Sie machen ihm damit Ihren Standpunkt klar, ohne aber zu großen Druck auf ihn auszuüben. Gleichzeitig packen Sie ihn an seiner Ehre - nicht zu wissen, was man will, gilt unter Männern als ernsthafte Schwäche.

Das hört sich vielleicht riskant an, und ein Mann könnte daraufhin die Flucht ergreifen. Aber wissen Sie, wie er innerlich darauf reagieren wird?

Er wird spüren, dass er es mit einer Frau zu tun hat, die weiß, was sie will. Eine Frau, mit der er keine Spielchen spielen kann, die er nicht an der Nase herumführen kann.

Solche Frauen sind äußerst selten anzutreffen, das weiß er. Er wird nun alles unternehmen, um Ihnen eine ehrliche und wohl überdachte Antwort zu geben. Er wird sich denken: „Was für ein Glück, einer solchen Frau begegnet zu sein!"

Denn er hat es hier mit einer Frau zu tun, die man(n) so schnell nicht wiederfindet. Eine Frau, die sich Ihrer Wünsche und Ziele bewusst ist - und diese auch konkret zum Ausdruck bringt.

Sollte er daraufhin jedoch wider Erwarten die Flucht ergreifen, dann können Sie ihn sowieso vergessen. Einen Feigling, der den Wert einer selbstbewussten Frau nicht erkennt, sollten Sie schnellstmöglich aus Ihrem Leben streichen.

Wie Sie die Spannung in einer Beziehung aufrecht erhalten

Leider bietet Ihnen seine „Zusage" für eine verbindliche Beziehung noch keine Garantie dafür, dass sich Ihre Beziehung auch über Jahre hinweg spannend und romantisch gestaltet. Die Scheidungsraten und der Anteil der Singles in unserer Gesellschaft sprechen zumindest nicht gerade dafür.

Allerdings gibt es durchaus ein paar Rezepte dafür, wie Sie in einem Mann über lange Zeit das Gefühl wecken, er wäre immer noch „frisch verliebt" in Sie - und er wird Sie entsprechend behandeln, wie der Gentleman, der er am Anfang war.

Die Dinge, auf die innerhalb einer festen Beziehung am wichtigsten sind und womit Sie in einem Mann das dauerhafte Gefühl auslösen, mit seiner ganz persönliche Traumfrau zusammen zu sein, sind Folgende:

Unternehmen Sie Dinge mit ihm

Bei Männern bilden sich tiefe Gefühle und Verbundenheit vor allem dadurch, dass sie Dinge mit Ihnen *tun*.

Unternehmungen wie Wochenendausflüge inklusive eines kleinen Abenteuer graben sich tief bei ihm ein. Wenn er eines Tages in einer stillen Minute darüber nachdenkt, was er an Ihnen hat, dann werden ihm hauptsächlich die gemeinsamen *Erlebnisse* mit Ihnen einfallen und in ihm das behagliche Gefühl auslösen, das Sie vielleicht haben, wenn Sie sich an ausgiebige Kuschelabende erinnern.

Das bloße gemeinsame Fernsehschauen, der DVD-Abend auf der Couch oder die langen und tiefsinnigen Gespräche prägen sich längst nicht so bei ihm ein, wie ein gemeinsames, aufregendes Erlebnis.

Ein Konzertbesuch, für das Sie ohne sein Wissen die Karten besorgt haben, prägt sich lebenslang bei ihm ein und macht Sie zu einer Frau, mit der er einfach gerne zusammen ist. Der Wochenendausflug zum nächsten Erlebnispark löst in ihm das Gefühl aus, Sie sind die Frau, mit der er „Pferde stehlen kann". Unternehmungen, die den Hauch eines Abenteuers haben, brennen sich lebenslang in sein emotionales Unterbewusstsein ein.

Geben Sie ihm das Gefühl, er müsste auch weiterhin um Sie kämpfen

Geben Sie ihm in der Anfangszeit (also dem ersten halben Jahr), nicht das Gefühl, er hätte Sie bereits „in der Tasche". Machen Sie es ihm nicht zu einfach. Das macht Sie langweilig. Männer wollen jagen, erobern. Sie wollen auch ihre Partnerin erobern, immer wieder aufs Neue. Sie sollten sich hin und wieder „rarmachen" und auch mal Dinge alleine oder mit Ihren Freundinnen unternehmen. Sie sollten sich nicht jeden Tag bei ihm melden, auch mal NICHT auf eine SMS reagieren. Sie können die Liebe eines Mannes immer wieder aufs Neue entfachen, indem Sie ihm zu verstehen geben, dass es nicht *selbstverständlich* ist, mit Ihnen zusammen zu sein.

Im Gegenteil: Er soll denken und spüren, dass es für ihn eine Ehre ist, mit einer solch wundervollen Frau wie Ihnen eine Beziehung führen zu dürfen!
  Genau so sollten Sie die Sache betrachten.

Überraschen Sie ihn

Kleine Geschenke, die praktisch orientiert sind, können wahre Wunder bewirken! Wenn sie zum Beispiel wissen, dass sein Wäscheständer oder die Tastatur seines PCs kaputt ist - schenken Sie ihm eine neue!

Kleine, praktische Geschenke, die davon zeugen, dass Sie aufmerksam sind, lösen in ihm eine kindliche Freude aus, und Sie können sich sicher sein, dass er es Ihnen dankt. Männer lieben es, wenn ihre Partnerin ihnen Aufmerksamkeit schenkt. Aber eben nicht jene Art von bedrängender und freiheitsberaubender Aufmerksamkeit, indem Sie ihn permanent mit Liebesbekundungen oder Ihrer dauernden Anwesenheit beglücken wollen.

Gemeint ist die Art von Aufmerksamkeit, bei der er spürt, dass Sie auch an seine alltäglichen Probleme denken – und ihm bei der Lösung derselben helfen möchten.

Lassen Sie sich nicht alles gefallen!

Wenn er anderen Frauen hinterher schaut, unzuverlässig ist, usw. dann geben Sie ihm zu verstehen, dass er das mit Ihnen nicht machen kann! Aber werden Sie nicht hysterisch oder fangen an zu „zetern". Das bringt nur Ihre Hilflosigkeit zum Ausdruck.

Wenden Sie stattdessen ein Rezept an, das IMMER funktioniert:

Melden sie sich eine Zeit lang nicht bei ihm. Antworten sie nicht auf seine SMS oder Anrufe.

Er wird sich vielleicht zuerst denken: „Ach, sie wird sich schon wieder melden", aber wenn Sie das länger durchhalten (zwei bis vier Tage), wird er spüren, dass etwas nicht stimmt. Er wird sich dann bei Ihnen melden und sich erkundigen, was denn gerade falsch läuft.

Die meisten Männer sind gar nicht mal so begriffsstutzig oder selbstsüchtig, wie man vielleicht denkt. Sie wissen sehr genau, wann sie etwas falsch gemacht haben. Die Frage ist nur: Lassen Sie sich das gefallen?

Männer wollen eine starke Frau, sie lieben es, wenn eine Frau die Kontrolle über sich und Ihre Gefühle hat. Vor allem lieben Sie es, wenn eine Frau Stolz hat, und sich nicht alles von ihm bieten lässt.

Nichtsdestotrotz probieren die meisten Männer, wie weit Sie bei einer Frau gehen können. Sie testen, wo die Grenze der Toleranz ihrer Partnerin ist. Das mag sich in Ihren Ohren vielleicht kindisch und unreif anhören, aber Männer sind so.

Der Punkt ist: Ein Mann möchte mit einer Frau zusammen sein, vor der er *Respekt* hat. Um herauszufinden, ob Sie sich diesen Respekt „verdienen", wird er Sie hin und wieder testen, indem er mit seinem Verhalten über die Stränge schlägt.

Wenn er also ernsthaften „Mist gebaut" hat, und Ihre Gefühle verletzt hat und sie beginnen zu „zetern" und hysterisch zu werden, signalisiert das vor allem eins:

Ihre Schwäche.

Wenn Sie sich aber nicht melden und in dieser Zeit einfach „Ihr eigenes Ding" machen, demonstrieren Sie Ihm damit vor allem eins: Sie sind eine starke Frau, die sich nicht alles von ihm bieten lässt. Eine Frau, die sich nicht von ihm abhängig macht.

Er wird sie respektieren und vor allem in der Zeit, in der Sie abwesend sind, spüren, wie sehr er Sie vermisst.

**Das größte Geschenk,
das Sie einem Mann machen können, ist,
dass er die Chance bekommt, Sie zu vermissen!**

Lassen Sie ihm seine Freiheiten!

Die meisten Männer sind sehr freiheitsorientierte Wesen. Sie brauchen ab und an das Gefühl, sie wären starke und freie Krieger, die alleine oder zusammen mit ihren Freunden heldenhafte Episoden ihres Lebens erfahren.

Dass sich diese heroischen Kapitel eines Männerlebens meistens auf dem Sportplatz oder auch nur beim Grölen zu Fußballspielen vor dem Fernseher abspielen, tut der heldenhaften Erfahrung keinen Abbruch. Sie brauchen diese „Gruppenerlebnisse unter Männern" so dringend, wie Sie die Gespräche mit Ihren Freundinnen oder das Lesen guter Bücher brauchen. Männer kommen unter ihresgleichen in den Genuss, sich auch mal gehen zu lassen und vorsintflutlich aufzuführen.

Auch wenn Sie das nicht verstehen können - lassen Sie ihm diesen Genuss!

Geben Sie ihm generell das Gefühl, er könne tun und lassen, was immer er möchte!

Und klammern Sie sich nicht an ihn und seine Erfahrungen, die er nun mal ohne Sie machen muss. Das Paradoxe ist: Wenn Sie einem Mann seine Freiheiten lassen, wird er diese gar nicht so sehr in Anspruch nehmen wollen.

Männer sind wie Katzen: Wenn Sie sie in Ruhe lassen, und sie nicht das Gefühl haben, von Ihnen erdrückt zu werden, kommen sie ganz automatisch zu Ihnen. Und schmusen erst einmal ausgiebig.

Behandeln Sie sich selbst gut!

Sie sollten innerhalb einer Beziehung niemals sich selbst und Ihre eigenen Interessen aus dem Auge verlieren. Tun Sie nach wie vor das, was Ihnen Spaß macht - tun Sie es vor allem *ohne* Ihren Partner.

Frauen bleiben nur dann dauerhaft für einen Mann interessant und begehrenswert, wenn Sie sich ihre Interessen und ihre Eigenständigkeit bewahren.

Leben Sie ihr eigenes Leben weiter!

Und fallen Sie nicht in das „Loch", in das so viele Frauen in Beziehungen fallen, nämlich, dass sich ihr Leben nur noch um Ihren Partner dreht. Damit begeben Sie sich in eine ungesunde Abhängigkeit, die Sie für einen Mann schlichtweg langweilig macht. Sich selbst tun Sie damit auch keinen Gefallen - wenn Sie beginnen für einen anderen Menschen zu leben, verlieren Sie Ihre Identität und Ihre Einzigartigkeit. Tun Sie das um keinen Preis der Welt!

Benutzen Sie niemals die Waffe der Eifersucht!

Eifersucht – also offensichtlich mit anderen Männern flirten - ist eine sehr effektive Methode, um herauszufinden, ob und inwiefern ein Mann etwas für Sie empfindet. Allerdings ist sie auch die effektivste Methode, um einen Mann sehr wütend zu machen. Je nachdem, wie viel er für Sie empfindet, wird auch seine Wut entsprechend groß sein. Wie wir ja wissen, zeigen Männer ihre verletzten Gefühle nicht durch Trauer, sondern durch Wut (siehe Kapitel: Was „fühlen" Männer eigentlich?"). Die Wut, die Sie mit Eifersucht hervorrufen, ist allerdings keine, die Ihnen mehr Liebe von einem Mann beschert, sondern weniger. Ein Mann wünscht sich eine Frau, die loyal ist. Eine Frau, die sich ihrer Gefühle ihm gegenüber sicher ist. Wenn Sie sich anderen Männern „feilbieten", dann verliert ihr Mann den Respekt vor Ihnen. Und genau das macht ihn wütend.

Wenn ein Mann allerdings spürt, dass Sie auch von anderen Männern bewundert werden, dann erhöht das in seinen Augen Ihren Wert. Er freut sich darüber – hat er doch eine begehrenswerte Frau an seiner Seite. Aber nur, solange Sie anderen Männern gegenüber auch signalisieren, dass es für Sie nur den Einen gibt – nämlich ihn.

Gemeinsame Ziele

Eine Beziehung kann nur von Dauer sein, wenn sie auch gemeinsame Ziele verfolgen. Wenn er z. B. die Großstadt liebt, Sie aber auf Dauer das Leben auf dem Land bevorzugen, dann ist der Konflikt vorprogrammiert. Wenn er sich niemals Kinder vorstellen kann, Sie aber einen ausgeprägten Kinderwunsch haben, dann wird sich auf

Dauer keine Harmonie einstellen können. Haben Sie gemeinsame Ziele, die sie verfolgen können? Gibt es diese Ziele? Schaffen Sie sich solche Ziele, ansonsten ist es auf Dauer schlecht um die Beziehung bestellt.

„Liebe besteht nicht darin,
dass man einander anschaut,
sondern dass man gemeinsam
in dieselbe Richtung blickt.“

- Antoine de Saint-Exupery -

Schlusswort

Leider ist es unmöglich, auf jede einzelne individuelle Situation, die sich zwischen Mann und Frau ergeben kann, in einem einzigen Buch einzugehen. Trotzdem hoffe ich, dass ich Ihnen die Verhaltensweisen und Denkstrukturen der Männerpsyche etwas näher bringen konnte. Männer sind und bleiben anders als Sie – unser Schöpfer wollte das wohl so.

Der Prozess, Männer zu verstehen und sich den „Richtigen zu angeln", geht nicht von heute auf morgen. Es bedarf einiger Übung „am Objekt", um sich in der manchmal etwas verwirrenden Welt der Männer zurechtzufinden.

Ich kann Ihnen wirklich empfehlen, sich immer wieder mit Männern zu treffen und sie zu studieren – allerdings ohne auch gleich etwas mit Ihnen anzufangen. Verabredungen, die Sie einfach nur zum Spaß abhalten, können einen enormen Lerneffekt haben und ihr Selbstbewusstsein extrem stärken – Sie werden nämlich bemerken, wie attraktiv Sie auf einen Mann allein dadurch wirken, dass Sie kein weitergehendes Interesse an ihm zeigen. Probieren Sie es aus!

Wie in allen anderen Dingen im Leben macht auch in der Liebe „Übung den Meister". Es ist, als wenn Sie lernen, ein Musikinstrument zu spielen – auch das geht nicht von heute auf morgen. Männer sind so gesehen auch nichts anderes als Musikinstrumente. Wenn Sie wissen, wie sie zu bedienen sind, bringen sie die schönsten Töne hervor!

Seltsamerweise neigen wir Menschen zu dem Glauben, die große

Liebe würde uns einfach in den Schoß fallen. Wir bräuchten nichts dafür zu tun, das Schicksal wird es schon richten.

Nur kommen wir mit dieser Einstellung leider nicht sehr weit – weder im Leben noch in der Liebe. Von alleine passiert im Leben selten etwas Positives. Vor allem machen wir keine Fortschritte, indem wir einfach nur „vor uns hin träumen".

Ich wünsche mir, Ihnen auf dem Weg der Liebe ein paar Denkanstöße gegeben zu haben. Vielleicht kann Ihnen dieses Buch dabei helfen, in Zukunft größere Fehltritte zu vermeiden und das „Instrument Mann" besser spielen zu können.

....

Wenn Sie mir Anregungen, Kritik, Lob oder Tadel persönlich übermitteln möchten, können Sie mir auch gerne eine Email schicken:

christian@christian-sander.net

Ich würde mich freuen, dort von Ihnen zu lesen!

Ich schaffe es leider aus Zeitgründen nicht, alle Mails zu beantworten, aber ich lese sie alle!

Ansonsten kann ich Ihnen meinen kostenlosen Newsletter sehr empfehlen. Ich schreibe Ihnen regelmäßig Emails zum Thema „Männer und Beziehungen".

Sollten Sie noch keine Post von mir empfangen, tragen Sie sich doch einfach in das Formular auf *www.christian-sander.net* mit Ihrem Vornamen und Ihrer gültigen E-Mail-Adresse ein.

Ich schicke Ihnen dann völlig unverbindlich und kostenfrei regelmäßige Tipps und Ratschläge zum Thema.

Ich wünsche Ihnen von Herzen, dass Sie bald Ihrer großen Liebe begegnen – wenn Sie nicht sogar schon mit ihr zusammen sind.

Wenn Sie sich ein paar der Schritte zu Herzen nehmen, die ich Ihnen aufgezeigt habe, stehen die Chancen sehr gut, dass Sie glücklich werden und sich von Ihrem Mann geliebt und geschätzt fühlen!

Ich wünsche Ihnen alles Gute im Leben und in der Liebe.

Herzliche Grüße, Ihr Freund

Christian Sander

Nachwort

In letzter Zeit erhalte ich jeden Tag zahlreiche E-Mails von Leserinnen. Wie Sie jedoch vielleicht wissen, kann ich leider nicht all meine E-Mails beantworten.

Vielleicht gehören Sie auch zu den Leserinnen, für die eine entscheidende Frage zum Thema Männer unbeantwortet blieb...

Deswegen habe ich mich dazu entschieden ein zweites Buch zu schreiben, dass viele dieser Fragen beantwortet.

Dieses Buch basiert auf dem Frage-Antwort Prinzip und ist den häufigsten Fragen, die bei Problemen mit Männern entstehen, gewidmet. Es enthält die besten Tipps und Ratschläge, die ich in der Zeit meiner Beratung geben konnte.

Ich stelle verschiedene praktische Lösungen bei Problemen im Umgang mit Männern dar, die man immer wieder anwenden kann - komprimiert und zusammengefasst.

Entdecken Sie verblüffend einfache Wege, wie Sie in bestimmten Situationen einen Mann um den sprichwörtlichen Finger wickeln können und erfahren Sie, wie Sie mit den verschiedensten Beziehungsproblemen am besten umgehen.

Auf der Seite

www.christian-sander.net/print-buch-was-soll-ich-tun.html

erhalten Sie weitere Informationen über mein zweites Buch:

„Was soll ich tun, wenn er...?"

Erfahrungen aus meiner Beratung:
Lösungen zu den häufigsten Fragen meiner Leserinnen

Ich erkläre Ihnen Schritt für Schritt, wie man zu jeder gegebenen Situation mit einem Mann erfolgreich umgehen sollte. Sie werden Dinge entdecken, die Sie **_sofort_** anwenden können.

Das Buch ist auch in allen bekannten Buchhandlungen unter der **ISBN 978-3-03799-002-5** erhältlich.

Viele Grüße,

Ihr **Christian Sander**

KOSTENLOS für Sie zum Download:

**Unter folgendem Link im Internet gelangen Sie
zum Sofortdownload des Gratis-Ebooks:
Ihr persönlicher Downloadlink lautet**

www.christian-sander.net/gratisbuch

„Wahre Schönheit kommt von innen"

-Kleine Schritte zum großen Selbstvertrauen-

von Leon Schäfer

- Veränderungen riskieren -
- sich aus Sackgassen befreien -
- Potentiale erkennen -
- den Lebenstraum realisieren -

Ob Sie es glauben oder nicht - Männer haben ein sehr genaues Gespür dafür, wie Sie über sich selbst denken. Leon Schäfer beschreibt
sehr anschaulich, wie Sie in kleinen Schritten Ihr Selbstbild zum
Positiven verändern und erkennen, welch ein einzigartiges Wesen
Sie in Wahrheit sind. Auch wenn Sie grundsätzlich durchaus selbstbewusst sind - die Gedanken in Schäfers Ebook könnten Ihre Sichtweise und Ihre Wirkung auf Männer entscheidend verbessern!

**Unter folgendem Link im Internet gelangen Sie
zum Sofortdownload des Gratis-Ebooks:
Ihr persönlicher Downloadlink lautet**

www.christian-sander.net/gratisbuch